全国普法学习读本

最新卫生安保类法律法规读本

公共卫生法律法规学习读本

一般公共卫生法律法规

王金锋 主编

加大全民普法力度，建设社会主义法治文化，树立宪法法律至上、法律面前人人平等的法治理念。

——中国共产党第十九次全国代表大会《决胜全面建成小康社会 夺取新时代中国特色社会主义伟大胜利》

汕头大学出版社

图书在版编目（CIP）数据

一般公共卫生法律法规/王金锋主编.--汕头：汕头大学出版社，2023.4（重印）
（公共卫生法律法规学习读本）
ISBN 978-7-5658-2942-0

Ⅰ.①一… Ⅱ.①王… Ⅲ.①公共卫生-卫生法-中国-学习参考资料 Ⅳ.①D922.164

中国版本图书馆 CIP 数据核字（2018）第 035722 号

一般公共卫生法律法规　YIBAN GONGGONG WEISHENG FALÜ FAGUI

主　　编：	王金锋
责任编辑：	邹　峰
责任技编：	黄东生
封面设计：	大华文苑
出版发行：	汕头大学出版社
	广东省汕头市大学路 243 号汕头大学校园内　邮政编码：515063
电　　话：	0754-82904613
印　　刷：	三河市元兴印务有限公司
开　　本：	690mm×960mm 1/16
印　　张：	18
字　　数：	226 千字
版　　次：	2018 年 5 月第 1 版
印　　次：	2023 年 4 月第 2 次印刷
定　　价：	59.60 元（全 2 册）

ISBN 978-7-5658-2942-0

版权所有，翻版必究
如发现印装质量问题，请与承印厂联系退换

前　言

习近平总书记指出："推进全民守法，必须着力增强全民法治观念。要坚持把全民普法和守法作为依法治国的长期基础性工作，采取有力措施加强法制宣传教育。要坚持法治教育从娃娃抓起，把法治教育纳入国民教育体系和精神文明创建内容，由易到难、循序渐进不断增强青少年的规则意识。要健全公民和组织守法信用记录，完善守法诚信褒奖机制和违法失信行为惩戒机制，形成守法光荣、违法可耻的社会氛围，使遵法守法成为全体人民共同追求和自觉行动。"

中共中央、国务院曾经转发了中央宣传部、司法部关于在公民中开展法治宣传教育的规划，并发出通知，要求各地区各部门结合实际认真贯彻执行。通知指出，全民普法和守法是依法治国的长期基础性工作。深入开展法治宣传教育，是全面建成小康社会和新农村的重要保障。

普法规划指出：各地区各部门要根据实际需要，从不同群体的特点出发，因地制宜开展有特色的法治宣传教育坚持集中法治宣传教育与经常性法治宣传教育相结合，深化法律进机关、进乡村、进社区、进学校、进企业、进单位的"法律六进"主题活动，完善工作标准，建立长效机制。

特别是农业、农村和农民问题，始终是关系党和人民事业发展的全局性和根本性问题。党中央、国务院发布的《关于推进社会主义新农村建设的若干意见》中明确提出要"加强农村法制建设，深入开展农村普法教育，增强农民的法制观念，提高农民依法行使权利和履行义务的自觉性。"多年普法实践证明，普及法律知识，提高法制观念，增强全社会依法办事意识具有重要作用。特别是在广大农村进行普法教育，是提高全民法律素质的需要。

多年来，我国在农村实行的改革开放取得了极大成功，农村发生了翻天覆地的变化，广大农民生活水平大大得到了提高。但是，由于历史和社会等原因，现阶段我国一些地区农民文化素质还不高，不学法、不懂法、不守法现象虽然较原来有所改变，但仍有相当一部分群众的法制观念仍很淡化，不懂、不愿借助法律来保护自身权益，这就极易受到不法的侵害，或极易进行违法犯罪活动，严重阻碍了全面建成小康社会和新农村步伐。

为此，根据党和政府的指示精神以及普法规划，特别是根据广大农村农民的现状，在有关部门和专家的指导下，特别编辑了这套《全国普法学习读本》。主要包括了广大人民群众应知应懂、实际实用的法律法规。为了辅导学习，附录还收入了相应法律法规的条例准则、实施细则、解读解答、案例分析等；同时为了突出法律法规的实际实用特点，兼顾地方性和特殊性，附录还收入了部分某些地方性法律法规以及非法律法规的政策文件、管理制度、应用表格等内容，拓展了本书的知识范围，使法律法规更"接地气"，便于读者学习掌握和实际应用。

在众多法律法规中，我们通过甄别，淘汰了废止的，精选了最新的、权威的和全面的。但有部分法律法规有些条款不适应当下情况了，却没有颁布新的，我们又不能擅自改动，只得保留原有条款，但附录却有相应的补充修改意见或通知等。众多法律法规根据不同内容和受众特点，经过归类组合，优化配套。整套普法读本非常全面系统，具有很强的学习性、实用性和指导性，非常适合用于广大农村和城乡普法学习教育与实践指导。总之，是全国全民普法的良好读本。

目 录

公共场所卫生管理条例

第一章　总　则 …………………………………………（1）
第二章　卫生管理 ………………………………………（2）
第三章　卫生监督 ………………………………………（3）
第四章　罚　则 …………………………………………（4）
第五章　附　则 …………………………………………（4）
附　录
　　公共场所卫生管理条例实施细则 ……………………（5）
　　公共场所卫生监督量化分级管理指南 ………………（15）

突发公共卫生事件应急条例

第一章　总　则 …………………………………………（20）
第二章　预防与应急准备 ………………………………（22）
第三章　报告与信息发布 ………………………………（23）
第四章　应急处理 ………………………………………（25）
第五章　法律责任 ………………………………………（29）
第六章　附　则 …………………………………………（31）
附　录
　　国家突发公共卫生事件应急预案 ……………………（32）
　　突发公共卫生事件与传染病疫情监测信息报告管理办法 …（48）
　　国境口岸突发公共卫生事件出入境检验检疫应急处理规定 …（58）

生活饮用水卫生监督管理办法

第一章　总　则 …………………………………………（65）

— 1 —

第二章 卫生管理 ……………………………………（66）
第三章 卫生监督 ……………………………………（67）
第四章 罚　　则 ……………………………………（69）
第五章 附　　则 ……………………………………（70）

劳动安全卫生监察员管理办法

第一章 总　　则 ……………………………………（72）
第二章 资　　格 ……………………………………（73）
第三章 任　　免 ……………………………………（73）
第四章 职　　责 ……………………………………（75）
第五章 奖　　惩 ……………………………………（76）
第六章 附　　则 ……………………………………（76）

学校卫生工作条例

第一章 总　　则 ……………………………………（77）
第二章 学校卫生工作要求 …………………………（77）
第三章 学校卫生工作管理 …………………………（79）
第四章 学校卫生工作监督 …………………………（81）
第五章 奖励与处罚 …………………………………（81）
第六章 附　　则 ……………………………………（82）
附　录
　学校卫生监督工作规范 ……………………………（84）
　校园食品卫生安全管理制度 ………………………（92）
　学校食堂与学生集体用餐卫生管理规定 …………（97）

城市市容和环境卫生管理条例

第一章 总　　则 ……………………………………（104）
第二章 城市市容管理 ………………………………（105）
第三章 城市环境卫生管理 …………………………（107）

第四章　罚　则……………………………………（109）
第五章　附　则……………………………………（111）

农村环境卫生管理制度

一、组织管理机制………………………………（112）
二、宣传教育机制………………………………（113）
三、经费筹措机制………………………………（114）
四、设施管理机制………………………………（115）
五、垃圾清运机制………………………………（116）
六、督查考核机制………………………………（116）

消毒管理办法

第一章　总　则……………………………………（118）
第二章　消毒的卫生要求…………………………（119）
第三章　消毒产品的生产经营……………………（120）
第四章　消毒服务机构……………………………（122）
第五章　监　督……………………………………（123）
第六章　罚　则……………………………………（124）
第七章　附　则……………………………………（124）
附　录
　　消毒产品生产企业卫生规范（2009年版）………（126）

公共场所卫生管理条例

中华人民共和国国务院令

第 666 号

《国务院关于修改部分行政法规的决定》已经 2016 年 1 月 13 日国务院第 119 次常务会议通过,现予公布,自公布之日起施行。

总理 李克强

2016 年 2 月 6 日

(1987 年 4 月 1 日国务院发布;根据 2016 年 1 月 13 日国务院第 119 次常务会议《国务院关于修改部分行政法规的决定》修改)

第一章 总 则

第一条 为创造良好的公共场所卫生条件,预防疾病,保障人体健康,制定本条例。

第二条 本条例适用于下列公共场所:

（一）宾馆、饭馆、旅店、招待所、车马店、咖啡馆、酒吧、茶座；

（二）公共浴室、理发店、美容店；

（三）影剧院、录像厅（室）、游艺厅（室）、舞厅、音乐厅；

（四）体育场（馆）、游泳场（馆）、公园；

（五）展览馆、博物馆、美术馆、图书馆；

（六）商场（店）、书店；

（七）候诊室、候车（机、船）室、公共交通工具。

第三条 公共场所的下列项目应符合国家卫生标准和要求：

（一）空气、微小气候（湿度、温度、风速）；

（二）水质；

（三）采光、照明；

（四）噪音；

（五）顾客用具和卫生设施。

公共场所的卫生标准和要求，由卫生部负责制定。

第四条 国家对公共场所以及新建、改建、扩建的公共场所的选址和设计实行"卫生许可证"制度。

"卫生许可证"由县以上卫生行政部门签发。

第二章　卫生管理

第五条 公共场所的主管部门应当建立卫生管理制度，配备专职或者兼职卫生管理人员，对所属经营单位（包括个体经营者，下同）的卫生状况进行经常性检查，并提供必要的条件。

第六条 经营单位应当负责所经营的公共场所的卫生管理，建立卫生责任制度，对本单位的从业人员进行卫生知识的培训和考核工作。

第七条 公共场所直接为顾客服务的人员，持有"健康合格证"方能从事本职工作。患有痢疾、伤寒、病毒性肝炎、活动期肺结核、化脓性或者渗出性皮肤病以及其他有碍公共卫生的疾病的，治愈前不得从事直接为顾客服务的工作。

第八条　除公园、体育场（馆）、公共交通工具外的公共场所，经营单位应当及时向卫生行政部门申请办理"卫生许可证"。"卫生许可证"两年复核一次。

第九条　公共场所因不符合卫生标准和要求造成危害健康事故的，经营单位应妥善处理，并及时报告卫生防疫机构。

第三章　卫生监督

第十条　各级卫生防疫机构，负责管辖范围内的公共场所卫生监督工作。

民航、铁路、交通、厂（场）矿卫生防疫机构对管辖范围内的公共场所，施行卫生监督，并接受当地卫生防疫机构的业务指导。

第十一条　卫生防疫机构根据需要设立公共场所卫生监督员，执行卫生防疫机构交给的任务。公共场所卫生监督员由同级人民政府发给证书。

民航、铁路、交通、工矿企业卫生防疫机构的公共场所卫生监督员，由其上级主管部门发给证书。

第十二条　卫生防疫机构对公共场所的卫生监督职责：

（一）对公共场所进行卫生监测和卫生技术指导；

（二）监督从业人员健康检查，指导有关部门对从业人员进行卫生知识的教育和培训；

（三）对新建、扩建、改建的公共场所的选址和设计进行卫生审查，并参加竣工验收。

第十三条　卫生监督员有权对公共场所进行现场检查，索取有关资料，经营单位不得拒绝或隐瞒。卫生监督员对所提供的技术资料有保密的责任。

公共场所卫生监督员在执行任务时，应佩戴证章、出示证件。

第四章 罚 则

第十四条 凡有下列行为之一的单位或者个人，卫生防疫机构以根据情节轻重，给予警告、罚款、停业整顿、吊销"卫生许可证"的行政处罚：

（一）卫生质量不符合国家卫生标准和要求，而继续营业的；

（二）未获得"健康合格证"，而从事直接为顾客服务的；

（三）拒绝卫生监督的；

（四）未取得"卫生许可证"，擅自营业的。

罚款一律上交国库。

第十五条 违反本条例的规定造成严重危害公民健康的事故或中毒事故的单位或者个人，应当对受害人赔偿损失。

违反本条例致人残疾或者死亡，构成犯罪的，应由司法机关依法追究直接责任人员的刑事责任。

第十六条 对罚款、停业整顿及吊销"卫生许可证"的行政处罚不服的，在接到处罚通知之日起15天内，可以向当地人民法院起诉。但对公共场所卫生质量控制的决定应立即执行。对处罚的决定不履行又逾期不起诉的，由卫生防疫机构向人民法院申请强制执行。

第十七条 公共场所卫生监督机构和卫生监督员必须尽职尽责，依法办事。对玩忽职守，滥用职权，收取贿赂的，由上级主管部门给予直接责任人员行政处分。构成犯罪的，由司法机关依法追究直接责任人员的刑事责任。

第五章 附 则

第十八条 本条例的实施细则由卫生部负责制定。

第十九条 本条例自发布之日起施行。

附 录

公共场所卫生管理条例实施细则

中华人民共和国国家卫生和计划生育委员会令
第8号

《国家卫生计生委关于修改〈外国医师来华短期行医暂行管理办法〉等8件部门规章的决定》已于2015年12月31日经国家卫生计生委委主任会议讨论通过,现予公布,自公布之日起施行。

国家卫生和计划生育委员会主任
2016年1月19日

(2011年2月14日卫生部部务会议审议通过;2011年3月10日中华人民共和国卫生部令第80号发布;根据2016年1月19日中华人民共和国国家卫生和计划生育委员会令第8号修改)

第一章 总 则

第一条 根据《公共场所卫生管理条例》的规定,制定本细则。

第二条 公共场所经营者在经营活动中,应当遵守有关卫生法律、行政法规和部门规章以及相关的卫生标准、规范,开展公共场所卫生知识宣传，预防传染病和保障公众健康，为顾客提供良好的卫生环境。

第三条 国家卫生计生委主管全国公共场所卫生监督管理工作。

县级以上地方各级人民政府卫生计生行政部门负责本行政区域的公共场所卫生监督管理工作。

国境口岸及出入境交通工具的卫生监督管理工作由出入境检验检疫机构按照有关法律法规的规定执行。

铁路部门所属的卫生主管部门负责对管辖范围内的车站、等候室、铁路客车以及主要为本系统职工服务的公共场所的卫生监督管理工作。

第四条 县级以上地方各级人民政府卫生计生委行政部门应当根据公共场所卫生监督管理需要，建立健全公共场所卫生监督队伍和公共场所卫生监测体系，制定公共场所卫生监督计划并组织实施。

第五条 鼓励和支持公共场所行业组织开展行业自律教育，引导公共场所经营者依法经营，推动行业诚信建设，宣传、普及公共场所卫生知识。

第六条 任何单位或者个人对违反本细则的行为，有权举报。接到举报的卫生计生委行政部门应当及时调查处理，并按照规定予以答复。

第二章 卫生管理

第七条 公共场所的法定代表人或者负责人是其经营场所卫生安全的第一责任人。公共场所经营者应当设立卫生管理部门或者配备专（兼）职卫生管理人员，具体负责本公共场所的卫生工作，建立健全卫生管理制度和卫生管理档案。

第八条 公共场所卫生管理档案应当主要包括下列内容：

（一）卫生管理部门、人员设置情况及卫生管理制度；

（二）空气、微小气候（湿度、温度、风速）、水质、采光、照明、噪声的检测情况；

（三）顾客用品用具的清洗、消毒、更换及检测情况；

（四）卫生设施的使用、维护、检查情况；

（五）集中空调通风系统的清洗、消毒情况；

（六）安排从业人员健康检查情况和培训考核情况；

（七）公共卫生用品进货索证管理情况；

（八）公共场所危害健康事故应急预案或者方案；

（九）省、自治区、直辖市卫生计生委行政部门要求记录的其他情况。

公共场所卫生管理档案应当有专人管理，分类记录，至少保存两年。

第九条 公共场所经营者应当建立卫生培训制度，组织从业人员学习相关卫生法律知识和公共场所卫生知识，并进行考核。对考核不合格的，不得安排上岗。

第十条 公共场所经营者应当组织从业人员每年进行健康检查，从业人员在取得有效健康合格证明后方可上岗。

患有痢疾、伤寒、甲型病毒性肝炎、戊型病毒性肝炎等消化道传染病的人员，以及患有活动性肺结核、化脓性或者渗出性皮肤病等疾病的人员，治愈前不得从事直接为顾客服务的工作。

第十一条 公共场所经营者应当保持公共场所空气流通，室内空气质量应当符合国家卫生标准和要求。

公共场所采用集中空调通风系统的，应当符合公共场所集中空调通风系统相关卫生规范和规定的要求。

第十二条 公共场所经营者提供给顾客使用的生活饮用水应当符合国家生活饮用水卫生标准要求。游泳场（馆）和公共浴室水质应当符合国家卫生标准和要求。

第十三条 公共场所的采光照明、噪声应当符合国家卫生标准和要求。

公共场所应当尽量采用自然光。自然采光不足的，公共场所经营者应当配置与其经营场所规模相适应的照明设施。

公共场所经营者应当采取措施降低噪声。

第十四条 公共场所经营者提供给顾客使用的用品用具应当保证卫生安全，可以反复使用的用品用具应当一客一换，按照有关卫生标准和要求清洗、消毒、保洁。禁止重复使用一次性用品用具。

第十五条 公共场所经营者应当根据经营规模、项目设置清洗、消毒、保洁、盥洗等设施设备和公共卫生间。

公共场所经营者应当建立卫生设施设备维护制度，定期检查卫生设施设备，确保其正常运行，不得擅自拆除、改造或者挪作他用。公共场所设置的卫生间，应当有单独通风排气设施，保持清洁无异味。

第十六条 公共场所经营者应当配备安全、有效的预防控制蚊、蝇、蟑螂、鼠和其他病媒生物的设施设备及废弃物存放专用设施设备，并保证相关设施设备的正常使用，及时清运废弃物。

第十七条 公共场所的选址、设计、装修应当符合国家相关标准和规范的要求。

公共场所室内装饰装修期间不得营业。进行局部装饰装修的，经营者应当采取有效措施，保证营业的非装饰装修区域室内空气质量合格。

第十八条 室内公共场所禁止吸烟。公共场所经营者应当设置醒目的禁止吸烟警语和标志。

室外公共场所设置的吸烟区不得位于行人必经的通道上。

公共场所不得设置自动售烟机。

公共场所经营者应当开展吸烟危害健康的宣传，并配备专（兼）职人员对吸烟者进行劝阻。

第十九条 公共场所经营者应当按照卫生标准、规范的要求对公共场所的空气、微小气候、水质、采光、照明、噪声、顾客用品用具等进行卫生检测，检测每年不得少于一次；检测结果不符合卫生标准、规范要求的应当及时整改。

公共场所经营者不具备检测能力的,可以委托检测。

公共场所经营者应当在醒目位置如实公示检测结果。

第二十条 公共场所经营者应当制定公共场所危害健康事故应急预案或者方案,定期检查公共场所各项卫生制度、措施的落实情况,及时消除危害公众健康的隐患。

第二十一条 公共场所发生危害健康事故的,经营者应当立即处置,防止危害扩大,并及时向县级人民政府卫生计生委行政部门报告。

任何单位或者个人对危害健康事故不得隐瞒、缓报、谎报或者授意他人隐瞒、缓报、谎报。

第三章 卫生监督

第二十二条 国家对除公园、体育场馆、公共交通工具外的公共场所实行卫生许可证管理。

公共场所经营者取得工商行政管理部门颁发的营业执照后,还应当按照规定向县级以上地方人民政府卫生计生行政部门申请卫生许可证,方可营业。

公共场所卫生监督的具体范围由省、自治区、直辖市人民政府卫生计生行政部门公布。

第二十三条 公共场所经营者申请卫生许可证的,应当提交下列资料:

(一)卫生许可证申请表;

(二)法定代表人或者负责人身份证明;

(三)公共场所地址方位示意图、平面图和卫生设施平面布局图;

(四)公共场所卫生检测或者评价报告;

(五)公共场所卫生管理制度;

(六)省、自治区、直辖市卫生计生委行政部门要求提供的其他材料。

使用集中空调通风系统的，还应当提供集中空调通风系统卫生检测或者评价报告。

第二十四条　县级以上地方人民政府卫生计生委行政部门应当自受理公共场所卫生许可申请之日起20日内，对申报资料进行审查，对现场进行审核，符合规定条件的，作出准予公共场所卫生许可的决定；对不符合规定条件的，作出不予行政许可的决定并书面说明理由。

第二十五条　公共场所卫生许可证应当载明编号、单位名称、法定代表人或者负责人、经营项目、经营场所地址、发证机关、发证时间、有效期限。

公共场所卫生许可证有效期限为四年，每两年复核一次。

公共场所卫生许可证应当在经营场所醒目位置公示。

第二十六条　公共场所进行新建、改建、扩建的，应当符合有关卫生标准和要求，经营者应当按照有关规定办理预防性卫生审查手续。

预防性卫生审查程序和具体要求由省、自治区、直辖市人民政府卫生计生委行政部门制定。

第二十七条　公共场所经营者变更单位名称、法定代表人或者负责人的，应当向原发证卫生计生委行政部门办理变更手续。

公共场所经营者变更经营项目、经营场所地址的，应当向县级以上地方人民政府卫生计生委行政部门重新申请卫生许可证。

公共场所经营者需要延续卫生许可证的，应当在卫生许可证有效期届满30日前，向原发证卫生计生委行政部门提出申请。

第二十八条　县级以上人民政府卫生计生委行政部门应当组织对公共场所的健康危害因素进行监测、分析，为制定法律法规、卫生标准和实施监督管理提供科学依据。

县级以上疾病预防控制机构应当承担卫生计生委行政部门下达的公共场所健康危害因素监测任务。

第二十九条　县级以上地方人民政府卫生计生委行政部门应当对公共场所卫生监督实施量化分级管理，促进公共场所自身卫生管理，增强卫生监督信息透明度。

第三十条　县级以上地方人民政府卫生计生委行政部门应当根据卫生监督量化评价的结果确定公共场所的卫生信誉度等级和日常监督频次。

公共场所卫生信誉度等级应当在公共场所醒目位置公示。

第三十一条　县级以上地方人民政府卫生计生委行政部门对公共场所进行监督检查，应当依据有关卫生标准和要求，采取现场卫生监测、采样、查阅和复制文件、询问等方法，有关单位和个人不得拒绝或者隐瞒。

第三十二条　县级以上人民政府卫生计生委行政部门应当加强公共场所卫生监督抽检，并将抽检结果向社会公布。

第三十三条　县级以上地方人民政府卫生计生委行政部门对发生危害健康事故的公共场所，可以依法采取封闭场所、封存相关物品等临时控制措施。

经检验，属于被污染的场所、物品，应当进行消毒或者销毁；对未被污染的场所、物品或者经消毒后可以使用的物品，应当解除控制措施。

第三十四条　开展公共场所卫生检验、检测、评价等业务的技术服务机构，应当具有相应专业技术能力，按照有关卫生标准、规范的要求开展工作，不得出具虚假检验、检测、评价等报告。

技术服务机构的专业技术能力由省、自治区、直辖市人民政府卫生计生委行政部门组织考核。

第四章　法律责任

第三十五条　对未依法取得公共场所卫生许可证擅自营业的，由县级以上地方人民政府卫生计生委行政部门责令限期改正，给予警告，并处以五百元以上五千元以下罚款；有下列情形之一的，处以五千元以上三万元以下罚款：

（一）擅自营业曾受过卫生计生委行政部门处罚的；

（二）擅自营业时间在三个月以上的；

（三）以涂改、转让、倒卖、伪造的卫生许可证擅自营业的。

对涂改、转让、倒卖有效卫生许可证的，由原发证的卫生计生委行政部门予以注销。

第三十六条 公共场所经营者有下列情形之一的，由县级以上地方人民政府卫生计生委行政部门责令限期改正，给予警告，并可处以二千元以下罚款；逾期不改正，造成公共场所卫生质量不符合卫生标准和要求的，处以二千元以上二万元以下罚款；情节严重的，可以依法责令停业整顿，直至吊销卫生许可证：

（一）未按照规定对公共场所的空气、微小气候、水质、采光、照明、噪声、顾客用品用具等进行卫生检测的；

（二）未按照规定对顾客用品用具进行清洗、消毒、保洁，或者重复使用一次性用品用具的。

第三十七条 公共场所经营者有下列情形之一的，由县级以上地方人民政府卫生计生委行政部门责令限期改正；逾期不改的，给予警告，并处以一千元以上一万元以下罚款；对拒绝监督的，处以一万元以上三万元以下罚款；情节严重的，可以依法责令停业整顿，直至吊销卫生许可证：

（一）未按照规定建立卫生管理制度、设立卫生管理部门或者配备专（兼）职卫生管理人员，或者未建立卫生管理档案的；

（二）未按照规定组织从业人员进行相关卫生法律知识和公共场所卫生知识培训，或者安排未经相关卫生法律知识和公共场所卫生知识培训考核的从业人员上岗的；

（三）未按照规定设置与其经营规模、项目相适应的清洗、消毒、保洁、盥洗等设施设备和公共卫生间，或者擅自停止使用、拆除上述设施设备，或者挪作他用的；

（四）未按照规定配备预防控制鼠、蚊、蝇、蟑螂和其他病媒生物的设施设备以及废弃物存放专用设施设备,或者擅自停止使用、拆除预防控制鼠、蚊、蝇、蟑螂和其他病媒生物的设施设备以及废弃物存放专用设施设备的;

(五)未按照规定索取公共卫生用品检验合格证明和其他相关资料的;

(六)未按照规定对公共场所新建、改建、扩建项目办理预防性卫生审查手续的;

(七)公共场所集中空调通风系统未经卫生检测或者评价不合格而投入使用的;

(八)未按照规定公示公共场所卫生许可证、卫生检测结果和卫生信誉度等级的;

(九)未按照规定办理公共场所卫生许可证复核手续的。

第三十八条 公共场所经营者安排未获得有效健康合格证明的从业人员从事直接为顾客服务工作的,由县级以上地方人民政府卫生计生委行政部门责令限期改正,给予警告,并处以五百元以上五千元以下罚款;逾期不改正的,处以五千元以上一万五千元以下罚款。

第三十九条 公共场所经营者对发生的危害健康事故未立即采取处置措施,导致危害扩大,或者隐瞒、缓报、谎报的,由县级以上地方人民政府卫生计生委行政部门处以五千元以上三万元以下罚款;情节严重的,可以依法责令停业整顿,直至吊销卫生许可证。构成犯罪的,依法追究刑事责任。

第四十条 公共场所经营者违反其他卫生法律、行政法规规定,应当给予行政处罚的,按照有关卫生法律、行政法规规定进行处罚。

第四十一条 县级以上人民政府卫生计生委行政部门及其工作人员玩忽职守、滥用职权、收取贿赂的,由有关部门对单位负责人、直接负责的主管人员和其他责任人员依法给予行政处分。构成犯罪的,依法追究刑事责任。

第五章 附 则

第四十二条 本细则下列用语的含义：

集中空调通风系统，指为使房间或者封闭空间空气温度、湿度、洁净度和气流速度等参数达到设定的要求，而对空气进行集中处理、输送、分配的所有设备、管道及附件、仪器仪表的总和。

公共场所危害健康事故，指公共场所内发生的传染病疫情或者因空气质量、水质不符合卫生标准、用品用具或者设施受到污染导致的危害公众健康事故。

第四十三条 本细则自 2016 年 1 月 19 日起实施。国家卫生计生委 1991 年 3 月 11 日发布的《公共场所卫生管理条例实施细则》同时废止。

公共场所卫生监督量化分级管理指南

卫生部关于推行公共场所卫生监督量化分级
管理制度的通知
卫监督发〔2009〕5号

各省、自治区、直辖市卫生厅局，新疆生产建设兵团卫生局：

为切实履行公共场所卫生监督职责，不断提高公共场所卫生监督管理水平，我部组织制定了《公共场所卫生监督量化分级管理指南》（见附件），决定推行公共场所卫生监督量化分级管理制度（以下简称量化分级制度）。现将有关工作要求通知如下：

一、推行公共场所量化分级制度是将公共场所卫生监督管理模式向风险度管理转变的一种方式。各地卫生行政部门要给予充分重视，加强组织领导，建立完善实施公共场所量化分级工作的相关工作机制，确保顺利开展。

二、省级卫生行政部门要根据卫生部《公共场所卫生监督量化分级管理指南》的要求，结合本省（区、市）的实际情况，制定具体的实施方案和切合实际的量化标准，认真组织实施。同时，要加强对地方开展公共场所量化分级管理工作的技术指导，对发现的问题要及时研究解决。

三、各地要对卫生监督员进行公共场所量化分级工作的培训，提高监督员对法律、法规及《公共场所卫生监督量化分级管理指南》的认识水平，准确掌握标准和要求，不断提高监督水平。

四、各地要加强公共场所量化分级制度的宣传力度，向社会提供公共场所卫生信誉度等级信息。要注意发挥媒体的舆论导向作用，大力宣传、普及公共场所卫生知识，提高消费者的认知和防范能力。

五、公共场所量化分级管理制度要分步实施，稳步推进。2009年各地要重点在住宿业推行量化分级管理制度。至2009年12月底，各省会城市要对辖区内不少于50%的住宿业，其他城市要对辖区内不少于40%的住宿业实施量化分级管理。

请各省（区、市）于2009年12月底前将公共场所量化分级开展情况书面报我部食品安全综合协调与卫生监督局。各地执行过程中发现的问题，请及时与我部沟通。

中华人民共和国卫生部
二〇〇九年一月十六日

公共场所经营者在经营活动中，应当遵守有关法律、法规和部门规章以及相关的卫生标准、卫生规范，预防疾病，为消费者提供良好的卫生环境。为促进公共场所经营单位加强自身管理，不断提高公共场所卫生水平，保护公众身体健康。卫生部在全国推行公共场所卫生监督量化分级管理制度（以下简称量化分级制度），建立公共场所卫生信誉度评价体系。

一、总体目标

提高公共场所经营者的自身管理水平，强化其作为公共场所卫生第一责任人的意识；增强卫生监督信息透明度；提高公共场所卫生整体水平，减少群体性健康损害事件的发生，保护公众身体健康。

二、适用范围

公共场所量化分级制度适用于已获得卫生许可证的公共场所的日常卫生监督检查。

三、实施原则

（一）量化评价

根据法律、法规、规章和标准、规范的要求，对公共场所评价项目进行量化，并应用风险性分析理论，按风险度高低分为关键项目和非关键项目。通过监督量化评价评定公共场所卫生信誉等级，以客观公正地反映其卫生状况。

（二）属地管理

省级卫生行政部门统一组织实施并指导本行政区域的公共场所量化分级工作。公共场所的量化评分和卫生信誉度等级评定原则上由卫生许可证的发放和实施日常监督机构负责。

（三）动态监管

公共场所卫生信誉度等级应根据每次日常监督量化评价的结果确定。监督频次随量化评价结果做相应调整，以合理分配监督资源。

（四）公开透明

公共场所卫生信誉度等级应向社会公示，并使用统一标识。增强消费者公共场所卫生意识，使消费者在知情的前提下做出消费选择，便于社会监督。

四、实施方法

（一）确定量化评价内容

在实施公共场所量化分级管理制度中，量化评价内容和项目是否科学合理直接决定量化评价效果。本指南中《住宿业卫生监督量化分级评分表》、《游泳场所卫生监督量化分级评分表》、《沐浴场所卫生监督量化分级评分表》和《美容美发场所卫生监督量化分级评分表》是依据有关法律、法规和各类公共场所卫生规范要求制定的，对量化评价的主要内容、项目、分值、评价标准进行了具体规定。

各省（区、市）应结合本地实际，制定量化分级评分表，可调整本指南中确定的公共场所量化评价内容、项目，但对关键项目的调整不得低于本指南的要求。

（二）日常卫生监督量化评价

对获得卫生许可证的公共场所进行日常监督检查时，要使用卫生监督量化分级评分表对公共场所的卫生状况进行量化评价。根据量化评价结论确定公共场所卫生信誉度等级和卫生监督频次。

卫生监督员现场填写公共场所卫生监督量化分级评分表后，可不再另行制作现场检查笔录，但对于违法经营行为的查处仍应严格按照相关执法程序进行。

（三）卫生信誉度等级的确定

根据公共场所卫生监督量化分级评分表评价，按100分标化后，总得分在90分以上的，卫生状况为优秀，卫生信誉度为A级；总得分在70—89分的，卫生状况为良好，卫生信誉度为B级；总得分在60—69分的，卫生状况为一般，卫生信誉度为C级；总得分低于60分的，责令限期整改，并依法处理。

公共场所内发生传染病疫情或因空气质量、水质不符合卫生标准、用品用具或设施受到污染导致的群体性健康损害事件的，其卫生信誉度定为C级。

（四）卫生监督频次的确定

公共场所日常监督频次参照其卫生信誉度等级确定。等级越高，监督频次应越低。下表规定了不同卫生信誉等级的最低监督频次，各地应根据实际，合理调整监督频次。

卫生信誉度	监督频次
A级	不少于1次/两年
B级	不少于1次/年
C级	不少于2次/年

由于行政任务和处理投诉举报而需要进行监督时不受此频次限制。

五、公示卫生信誉度等级

卫生行政部门应当对实施量化分级管理、确定了卫生信誉度等级的公共场所发放《公共场所卫生信誉度等级公示》的标识,并张贴在公共场所的醒目位置。

卫生行政部门应当及时、客观、准确地公布公共场所卫生信誉度等级信息。

六、效果评估

省级卫生行政部门应当根据本地区公共场所量化分级管理制度实施情况,逐步开展效果评估。根据效果评估的结果,及时完善和调整实施工作,确保实施公共场所量化分级管理制度总体目标的实现。

突发公共卫生事件应急条例

中华人民共和国国务院令

第 588 号

《国务院关于废止和修改部分行政法规的决定》已经2010年12月29日国务院第138次常务会议通过，现予公布，自公布之日起施行。

总理 温家宝

二〇一一年一月八日

（2003年5月7日国务院第7次常务会议通过；根据2010年12月29日国务院第138次常务会议通过的《国务院关于废止和修改部分行政法规的决定》修正）

第一章 总 则

第一条 为了有效预防、及时控制和消除突发公共卫生事件的危害，保障公众身体健康与生命安全，维护正常的社会秩序，制定本条例。

第二条 本条例所称突发公共卫生事件（以下简称突发事件），

是指突然发生，造成或者可能造成社会公众健康严重损害的重大传染病疫情、群体性不明原因疾病、重大食物和职业中毒以及其他严重影响公众健康的事件。

第三条 突发事件发生后，国务院设立全国突发事件应急处理指挥部，由国务院有关部门和军队有关部门组成，国务院主管领导人担任总指挥，负责对全国突发事件应急处理的统一领导、统一指挥。

国务院卫生行政主管部门和其他有关部门，在各自的职责范围内做好突发事件应急处理的有关工作。

第四条 突发事件发生后，省、自治区、直辖市人民政府成立地方突发事件应急处理指挥部，省、自治区、直辖市人民政府主要领导人担任总指挥，负责领导、指挥本行政区域内突发事件应急处理工作。

县级以上地方人民政府卫生行政主管部门，具体负责组织突发事件的调查、控制和医疗救治工作。

县级以上地方人民政府有关部门，在各自的职责范围内做好突发事件应急处理的有关工作。

第五条 突发事件应急工作，应当遵循预防为主、常备不懈的方针，贯彻统一领导、分级负责、反应及时、措施果断、依靠科学、加强合作的原则。

第六条 县级以上各级人民政府应当组织开展防治突发事件相关科学研究，建立突发事件应急流行病学调查、传染源隔离、医疗救护、现场处置、监督检查、监测检验、卫生防护等有关物资、设备、设施、技术与人才资源储备，所需经费列入本级政府财政预算。

国家对边远贫困地区突发事件应急工作给予财政支持。

第七条 国家鼓励、支持开展突发事件监测、预警、反应处理有关技术的国际交流与合作。

第八条 国务院有关部门和县级以上地方人民政府及其有关部

门,应当建立严格的突发事件防范和应急处理责任制,切实履行各自的职责,保证突发事件应急处理工作的正常进行。

第九条 县级以上各级人民政府及其卫生行政主管部门,应当对参加突发事件应急处理的医疗卫生人员,给予适当补助和保健津贴;对参加突发事件应急处理作出贡献的人员,给予表彰和奖励;对因参与应急处理工作致病、致残、死亡的人员,按照国家有关规定,给予相应的补助和抚恤。

第二章 预防与应急准备

第十条 国务院卫生行政主管部门按照分类指导、快速反应的要求,制定全国突发事件应急预案,报请国务院批准。

省、自治区、直辖市人民政府根据全国突发事件应急预案,结合本地实际情况,制定本行政区域的突发事件应急预案。

第十一条 全国突发事件应急预案应当包括以下主要内容:

(一)突发事件应急处理指挥部的组成和相关部门的职责;

(二)突发事件的监测与预警;

(三)突发事件信息的收集、分析、报告、通报制度;

(四)突发事件应急处理技术和监测机构及其任务;

(五)突发事件的分级和应急处理工作方案;

(六)突发事件预防、现场控制,应急设施、设备、救治药品和医疗器械以及其他物资和技术的储备与调度;

(七)突发事件应急处理专业队伍的建设和培训。

第十二条 突发事件应急预案应当根据突发事件的变化和实施中发现的问题及时进行修订、补充。

第十三条 地方各级人民政府应当依照法律、行政法规的规定,做好传染病预防和其他公共卫生工作,防范突发事件的发生。

县级以上各级人民政府卫生行政主管部门和其他有关部门,应当对公众开展突发事件应急知识的专门教育,增强全社会对突发事件的防范意识和应对能力。

第十四条　国家建立统一的突发事件预防控制体系。

县级以上地方人民政府应当建立和完善突发事件监测与预警系统。

县级以上各级人民政府卫生行政主管部门，应当指定机构负责开展突发事件的日常监测，并确保监测与预警系统的正常运行。

第十五条　监测与预警工作应当根据突发事件的类别，制定监测计划，科学分析、综合评价监测数据。对早期发现的潜在隐患以及可能发生的突发事件，应当依照本条例规定的报告程序和时限及时报告。

第十六条　国务院有关部门和县级以上地方人民政府及其有关部门，应当根据突发事件应急预案的要求，保证应急设施、设备、救治药品和医疗器械等物资储备。

第十七条　县级以上各级人民政府应当加强急救医疗服务网络的建设，配备相应的医疗救治药物、技术、设备和人员，提高医疗卫生机构应对各类突发事件的救治能力。

设区的市级以上地方人民政府应当设置与传染病防治工作需要相适应的传染病专科医院，或者指定具备传染病防治条件和能力的医疗机构承担传染病防治任务。

第十八条　县级以上地方人民政府卫生行政主管部门，应当定期对医疗卫生机构和人员开展突发事件应急处理相关知识、技能的培训，定期组织医疗卫生机构进行突发事件应急演练，推广最新知识和先进技术。

第三章　报告与信息发布

第十九条　国家建立突发事件应急报告制度。

国务院卫生行政主管部门制定突发事件应急报告规范，建立重大、紧急疫情信息报告系统。

有下列情形之一的,省、自治区、直辖市人民政府应当在接到报告1小时内,向国务院卫生行政主管部门报告:

(一)发生或者可能发生传染病暴发、流行的;

(二)发生或者发现不明原因的群体性疾病的;

(三)发生传染病菌种、毒种丢失的;

(四)发生或者可能发生重大食物和职业中毒事件的。

国务院卫生行政主管部门对可能造成重大社会影响的突发事件,应当立即向国务院报告。

第二十条 突发事件监测机构、医疗卫生机构和有关单位发现有本条例第十九条规定情形之一的,应当在2小时内向所在地县级人民政府卫生行政主管部门报告;接到报告的卫生行政主管部门应当在2小时内向本级人民政府报告,并同时向上级人民政府卫生行政主管部门和国务院卫生行政主管部门报告。

县级人民政府应当在接到报告后2小时内向设区的市级人民政府或者上一级人民政府报告;设区的市级人民政府应当在接到报告后2小时内向省、自治区、直辖市人民政府报告。

第二十一条 任何单位和个人对突发事件,不得隐瞒、缓报、谎报或者授意他人隐瞒、缓报、谎报。

第二十二条 接到报告的地方人民政府、卫生行政主管部门依照本条例规定报告的同时,应当立即组织力量对报告事项调查核实、确证,采取必要的控制措施,并及时报告调查情况。

第二十三条 国务院卫生行政主管部门应当根据发生突发事件的情况,及时向国务院有关部门和各省、自治区、直辖市人民政府卫生行政主管部门以及军队有关部门通报。

突发事件发生地的省、自治区、直辖市人民政府卫生行政主管部门,应当及时向毗邻省、自治区、直辖市人民政府卫生行政主管部门通报。

接到通报的省、自治区、直辖市人民政府卫生行政主管部门,必要时应当及时通知本行政区域内的医疗卫生机构。

县级以上地方人民政府有关部门,已经发生或者发现可能引起突发事件的情形时,应当及时向同级人民政府卫生行政主管部门通报。

第二十四条　国家建立突发事件举报制度,公布统一的突发事件报告、举报电话。

任何单位和个人有权向人民政府及其有关部门报告突发事件隐患,有权向上级人民政府及其有关部门举报地方人民政府及其有关部门不履行突发事件应急处理职责,或者不按照规定履行职责的情况。接到报告、举报的有关人民政府及其有关部门,应当立即组织对突发事件隐患、不履行或者不按照规定履行突发事件应急处理职责的情况进行调查处理。

对举报突发事件有功的单位和个人,县级以上各级人民政府及其有关部门应当予以奖励。

第二十五条　国家建立突发事件的信息发布制度。

国务院卫生行政主管部门负责向社会发布突发事件的信息。必要时,可以授权省、自治区、直辖市人民政府卫生行政主管部门向社会发布本行政区域内突发事件的信息。

信息发布应当及时、准确、全面。

第四章　应急处理

第二十六条　突发事件发生后,卫生行政主管部门应当组织专家对突发事件进行综合评估,初步判断突发事件的类型,提出是否启动突发事件应急预案的建议。

第二十七条　在全国范围内或者跨省、自治区、直辖市范围内启动全国突发事件应急预案,由国务院卫生行政主管部门报国务院批准后实施。省、自治区、直辖市启动突发事件应急预案,由省、自治区、直辖市人民政府决定,并向国务院报告。

第二十八条　全国突发事件应急处理指挥部对突发事件应急处

理工作进行督察和指导,地方各级人民政府及其有关部门应当予以配合。

省、自治区、直辖市突发事件应急处理指挥部对本行政区域内突发事件应急处理工作进行督察和指导。

第二十九条 省级以上人民政府卫生行政主管部门或者其他有关部门指定的突发事件应急处理专业技术机构,负责突发事件的技术调查、确证、处置、控制和评价工作。

第三十条 国务院卫生行政主管部门对新发现的突发传染病,根据危害程度、流行强度,依照《中华人民共和国传染病防治法》的规定及时宣布为法定传染病;宣布为甲类传染病的,由国务院决定。

第三十一条 应急预案启动前,县级以上各级人民政府有关部门应当根据突发事件的实际情况,做好应急处理准备,采取必要的应急措施。

应急预案启动后,突发事件发生地的人民政府有关部门,应当根据预案规定的职责要求,服从突发事件应急处理指挥部的统一指挥,立即到达规定岗位,采取有关的控制措施。

医疗卫生机构、监测机构和科学研究机构,应当服从突发事件应急处理指挥部的统一指挥,相互配合、协作,集中力量开展相关的科学研究工作。

第三十二条 突发事件发生后,国务院有关部门和县级以上地方人民政府及其有关部门,应当保证突发事件应急处理所需的医疗救护设备、救治药品、医疗器械等物资的生产、供应;铁路、交通、民用航空行政主管部门应当保证及时运送。

第三十三条 根据突发事件应急处理的需要,突发事件应急处理指挥部有权紧急调集人员、储备的物资、交通工具以及相关设施、设备;必要时,对人员进行疏散或者隔离,并可以依法对传染病疫区实行封锁。

第三十四条 突发事件应急处理指挥部根据突发事件应急处理

的需要，可以对食物和水源采取控制措施。

县级以上地方人民政府卫生行政主管部门应当对突发事件现场等采取控制措施，宣传突发事件防治知识，及时对易受感染的人群和其他易受损害的人群采取应急接种、预防性投药、群体防护等措施。

第三十五条 参加突发事件应急处理的工作人员，应当按照预案的规定，采取卫生防护措施，并在专业人员的指导下进行工作。

第三十六条 国务院卫生行政主管部门或者其他有关部门指定的专业技术机构，有权进入突发事件现场进行调查、采样、技术分析和检验，对地方突发事件的应急处理工作进行技术指导，有关单位和个人应当予以配合；任何单位和个人不得以任何理由予以拒绝。

第三十七条 对新发现的突发传染病、不明原因的群体性疾病、重大食物和职业中毒事件，国务院卫生行政主管部门应当尽快组织力量制定相关的技术标准、规范和控制措施。

第三十八条 交通工具上发现根据国务院卫生行政主管部门的规定需要采取应急控制措施的传染病病人、疑似传染病病人，其负责人应当以最快的方式通知前方停靠点，并向交通工具的营运单位报告。交通工具的前方停靠点和营运单位应当立即向交通工具营运单位行政主管部门和县级以上地方人民政府卫生行政主管部门报告。卫生行政主管部门接到报告后，应当立即组织有关人员采取相应的医学处置措施。

交通工具上的传染病病人密切接触者，由交通工具停靠点的县级以上各级人民政府卫生行政主管部门或者铁路、交通、民用航空行政主管部门，根据各自的职责，依照传染病防治法律、行政法规的规定，采取控制措施。

涉及国境口岸和入出境的人员、交通工具、货物、集装箱、行李、邮包等需要采取传染病应急控制措施的，依照国境卫生检疫法律、行政法规的规定办理。

第三十九条　医疗卫生机构应当对因突发事件致病的人员提供医疗救护和现场救援，对就诊病人必须接诊治疗，并书写详细、完整的病历记录；对需要转送的病人，应当按照规定将病人及其病历记录的复印件转送至接诊的或者指定的医疗机构。

医疗卫生机构内应当采取卫生防护措施，防止交叉感染和污染。

医疗卫生机构应当对传染病病人密切接触者采取医学观察措施，传染病病人密切接触者应当予以配合。

医疗机构收治传染病病人、疑似传染病病人，应当依法报告所在地的疾病预防控制机构。接到报告的疾病预防控制机构应当立即对可能受到危害的人员进行调查，根据需要采取必要的控制措施。

第四十条　传染病暴发、流行时，街道、乡镇以及居民委员会、村民委员会应当组织力量，团结协作，群防群治，协助卫生行政主管部门和其他有关部门、医疗卫生机构做好疫情信息的收集和报告、人员的分散隔离、公共卫生措施的落实工作，向居民、村民宣传传染病防治的相关知识。

第四十一条　对传染病暴发、流行区域内流动人口，突发事件发生地的县级以上地方人民政府应当做好预防工作，落实有关卫生控制措施；对传染病病人和疑似传染病病人，应当采取就地隔离、就地观察、就地治疗的措施。对需要治疗和转诊的，应当依照本条例第三十九条第一款的规定执行。

第四十二条　有关部门、医疗卫生机构应当对传染病做到早发现、早报告、早隔离、早治疗，切断传播途径，防止扩散。

第四十三条　县级以上各级人民政府应当提供必要资金，保障因突发事件致病、致残的人员得到及时、有效的救治。具体办法由国务院财政部门、卫生行政主管部门和劳动保障行政主管部门制定。

第四十四条　在突发事件中需要接受隔离治疗、医学观察措施的病人、疑似病人和传染病病人密切接触者在卫生行政主管部门或者有关机构采取医学措施时应当予以配合；拒绝配合的，由公安机关依法协助强制执行。

第五章　法律责任

第四十五条　县级以上地方人民政府及其卫生行政主管部门未依照本条例的规定履行报告职责，对突发事件隐瞒、缓报、谎报或者授意他人隐瞒、缓报、谎报的，对政府主要领导人及其卫生行政主管部门主要负责人，依法给予降级或者撤职的行政处分；造成传染病传播、流行或者对社会公众健康造成其他严重危害后果的，依法给予开除的行政处分；构成犯罪的，依法追究刑事责任。

第四十六条　国务院有关部门、县级以上地方人民政府及其有关部门未依照本条例的规定，完成突发事件应急处理所需要的设施、设备、药品和医疗器械等物资的生产、供应、运输和储备的，对政府主要领导人和政府部门主要负责人依法给予降级或者撤职的行政处分；造成传染病传播、流行或者对社会公众健康造成其他严重危害后果的，依法给予开除的行政处分；构成犯罪的，依法追究刑事责任。

第四十七条　突发事件发生后，县级以上地方人民政府及其有关部门对上级人民政府有关部门的调查不予配合，或者采取其他方式阻碍、干涉调查的，对政府主要领导人和政府部门主要负责人依法给予降级或者撤职的行政处分；构成犯罪的，依法追究刑事责任。

第四十八条　县级以上各级人民政府卫生行政主管部门和其他有关部门在突发事件调查、控制、医疗救治工作中玩忽职守、失职、渎职的，由本级人民政府或者上级人民政府有关部门责令改正、通报批评、给予警告；对主要负责人、负有责任的主管人员和其他责任人员依法给予降级、撤职的行政处分；造成传染病传播、流行或者对社会公众健康造成其他严重危害后果的，依法给予开除的行政处分；构成犯罪的，依法追究刑事责任。

第四十九条 县级以上各级人民政府有关部门拒不履行应急处理职责的，由同级人民政府或者上级人民政府有关部门责令改正、通报批评、给予警告；对主要负责人、负有责任的主管人员和其他责任人员依法给予降级、撤职的行政处分；造成传染病传播、流行或者对社会公众健康造成其他严重危害后果的，依法给予开除的行政处分；构成犯罪的，依法追究刑事责任。

第五十条 医疗卫生机构有下列行为之一的，由卫生行政主管部门责令改正、通报批评、给予警告；情节严重的，吊销《医疗机构执业许可证》；对主要负责人、负有责任的主管人员和其他直接责任人员依法给予降级或者撤职的纪律处分；造成传染病传播、流行或者对社会公众健康造成其他严重危害后果，构成犯罪的，依法追究刑事责任：

（一）未依照本条例的规定履行报告职责，隐瞒、缓报或者谎报的；

（二）未依照本条例的规定及时采取控制措施的；

（三）未依照本条例的规定履行突发事件监测职责的；

（四）拒绝接诊病人的；

（五）拒不服从突发事件应急处理指挥部调度的。

第五十一条 在突发事件应急处理工作中，有关单位和个人未依照本条例的规定履行报告职责，隐瞒、缓报或者谎报，阻碍突发事件应急处理工作人员执行职务，拒绝国务院卫生行政主管部门或者其他有关部门指定的专业技术机构进入突发事件现场，或者不配合调查、采样、技术分析和检验的，对有关责任人员依法给予行政处分或者纪律处分；触犯《中华人民共和国治安管理处罚法》，构成违反治安管理行为的，由公安机关依法予以处罚；构成犯罪的，依法追究刑事责任。

第五十二条 在突发事件发生期间，散布谣言、哄抬物价、欺骗消费者，扰乱社会秩序、市场秩序的，由公安机关或者工商行政管理部门依法给予行政处罚；构成犯罪的，依法追究刑事责任。

第六章　附　则

第五十三条　中国人民解放军、武装警察部队医疗卫生机构参与突发事件应急处理的，依照本条例的规定和军队的相关规定执行。

第五十四条　本条例自公布之日起施行。

附 录

国家突发公共卫生事件应急预案

(2006年2月26日国务院颁布)

1 总 则

1.1 编制目的

有效预防、及时控制和消除突发公共卫生事件及其危害，指导和规范各类突发公共卫生事件的应急处理工作，最大程度地减少突发公共卫生事件对公众健康造成的危害，保障公众身心健康与生命安全。

1.2 编制依据

依据《中华人民共和国传染病防治法》、《中华人民共和国食品卫生法》、《中华人民共和国职业病防治法》、《中华人民共和国国境卫生检疫法》、《突发公共卫生事件应急条例》、《国内交通卫生检疫条例》和《国家突发公共事件总体应急预案》，制定本预案。

1.3 突发公共卫生事件的分级

根据突发公共卫生事件性质、危害程度、涉及范围，突发公共卫生事件划分为特别重大（Ⅰ级）、重大（Ⅱ级）、较大（Ⅲ级）和一般（Ⅳ级）四级。

其中，特别重大突发公共卫生事件主要包括：

(1) 肺鼠疫、肺炭疽在大、中城市发生并有扩散趋势，或肺鼠疫、肺炭疽疫情波及2个以上的省份，并有进一步扩散趋势。

(2) 发生传染性非典型肺炎、人感染高致病性禽流感病例，并有扩散趋势。

（3）涉及多个省份的群体性不明原因疾病，并有扩散趋势。

（4）发生新传染病或我国尚未发现的传染病发生或传入，并有扩散趋势，或发现我国已消灭的传染病重新流行。

（5）发生烈性病菌株、毒株、致病因子等丢失事件。

（6）周边以及与我国通航的国家和地区发生特大传染病疫情，并出现输入性病例，严重危及我国公共卫生安全的事件。

（7）国务院卫生行政部门认定的其他特别重大突发公共卫生事件。

1.4　适用范围

本预案适用于突然发生，造成或者可能造成社会公众身心健康严重损害的重大传染病、群体性不明原因疾病、重大食物和职业中毒以及因自然灾害、事故灾难或社会安全等事件引起的严重影响公众身心健康的公共卫生事件的应急处理工作。

其他突发公共事件中涉及的应急医疗救援工作，另行制定有关预案。

1.5　工作原则

（1）预防为主，常备不懈。提高全社会对突发公共卫生事件的防范意识，落实各项防范措施，做好人员、技术、物资和设备的应急储备工作。对各类可能引发突发公共卫生事件的情况要及时进行分析、预警，做到早发现、早报告、早处理。

（2）统一领导，分级负责。根据突发公共卫生事件的范围、性质和危害程度，对突发公共卫生事件实行分级管理。各级人民政府负责突发公共卫生事件应急处理的统一领导和指挥，各有关部门按照预案规定，在各自的职责范围内做好突发公共卫生事件应急处理的有关工作。

（3）依法规范，措施果断。地方各级人民政府和卫生行政部门要按照相关法律、法规和规章的规定，完善突发公共卫生事件应急体系，建立健全系统、规范的突发公共卫生事件应急处理工作制度，对突发公共卫生事件和可能发生的公共卫生事件做出快速反应，及时、有效开展监测、报告和处理工作。

（4）依靠科学，加强合作。突发公共卫生事件应急工作要充分尊重和依靠科学，要重视开展防范和处理突发公共卫生事件的科研和培训，为突发公共卫生事件应急处理提供科技保障。各有关部门和单位要通力合作、资源共享，有效应对突发公共卫生事件。要广泛组织、动员公众参与突发公共卫生事件的应急处理。

2 应急组织体系及职责

2.1 应急指挥机构

卫生部依照职责和本预案的规定，在国务院统一领导下，负责组织、协调全国突发公共卫生事件应急处理工作，并根据突发公共卫生事件应急处理工作的实际需要，提出成立全国突发公共卫生事件应急指挥部。

地方各级人民政府卫生行政部门依照职责和本预案的规定，在本级人民政府统一领导下，负责组织、协调本行政区域内突发公共卫生事件应急处理工作，并根据突发公共卫生事件应急处理工作的实际需要，向本级人民政府提出成立地方突发公共卫生事件应急指挥部的建议。

各级人民政府根据本级人民政府卫生行政部门的建议和实际工作需要，决定是否成立国家和地方应急指挥部。

地方各级人民政府及有关部门和单位要按照属地管理的原则，切实做好本行政区域内突发公共卫生事件应急处理工作。

2.1.1 全国突发公共卫生事件应急指挥部的组成和职责

全国突发公共卫生事件应急指挥部负责对特别重大突发公共卫生事件的统一领导、统一指挥，作出处理突发公共卫生事件的重大决策。指挥部成员单位根据突发公共卫生事件的性质和应急处理的需要确定。

2.1.2 省级突发公共卫生事件应急指挥部的组成和职责

省级突发公共卫生事件应急指挥部由省级人民政府有关部门组

成，实行属地管理的原则，负责对本行政区域内突发公共卫生事件应急处理的协调和指挥，作出处理本行政区域内突发公共卫生事件的决策，决定要采取的措施。

2.2 日常管理机构

国务院卫生行政部门设立卫生应急办公室（突发公共卫生事件应急指挥中心），负责全国突发公共卫生事件应急处理的日常管理工作。

各省、自治区、直辖市人民政府卫生行政部门及军队、武警系统要参照国务院卫生行政部门突发公共卫生事件日常管理机构的设置及职责，结合各自实际情况，指定突发公共卫生事件的日常管理机构，负责本行政区域或本系统内突发公共卫生事件应急的协调、管理工作。

各市（地）级、县级卫生行政部门要指定机构负责本行政区域内突发公共卫生事件应急的日常管理工作。

2.3 专家咨询委员会

国务院卫生行政部门和省级卫生行政部门负责组建突发公共卫生事件专家咨询委员会。

市（地）级和县级卫生行政部门可根据本行政区域内突发公共卫生事件应急工作需要，组建突发公共卫生事件应急处理专家咨询委员会。

2.4 应急处理专业技术机构

医疗机构、疾病预防控制机构、卫生监督机构、出入境检验检疫机构是突发公共卫生事件应急处理的专业技术机构。应急处理专业技术机构要结合本单位职责开展专业技术人员处理突发公共卫生事件能力培训，提高快速应对能力和技术水平，在发生突发公共卫生事件时，要服从卫生行政部门的统一指挥和安排，开展应急处理工作。

3 突发公共卫生事件的监测、预警与报告

3.1 监测

国家建立统一的突发公共卫生事件监测、预警与报告网络体系。各级医疗、疾病预防控制、卫生监督和出入境检疫机构负责开展突发公共卫生事件的日常监测工作。

省级人民政府卫生行政部门要按照国家统一规定和要求，结合实际，组织开展重点传染病和突发公共卫生事件的主动监测。

国务院卫生行政部门和地方各级人民政府卫生行政部门要加强对监测工作的管理和监督，保证监测质量。

3.2 预警

各级人民政府卫生行政部门根据医疗机构、疾病预防控制机构、卫生监督机构提供的监测信息，按照公共卫生事件的发生、发展规律和特点，及时分析其对公众身心健康的危害程度、可能的发展趋势，及时做出预警。

3.3 报告

任何单位和个人都有权向国务院卫生行政部门和地方各级人民政府及其有关部门报告突发公共卫生事件及其隐患，也有权向上级政府部门举报不履行或者不按照规定履行突发公共卫生事件应急处理职责的部门、单位及个人。

县级以上各级人民政府卫生行政部门指定的突发公共卫生事件监测机构、各级各类医疗卫生机构、卫生行政部门、县级以上地方人民政府和检验检疫机构、食品药品监督管理机构、环境保护监测机构、教育机构等有关单位为突发公共卫生事件的责任报告单位。执行职务的各级各类医疗卫生机构的医疗卫生人员、个体开业医生为突发公共卫生事件的责任报告人。

突发公共卫生事件责任报告单位要按照有关规定及时、准确地报告突发公共卫生事件及其处置情况。

4 突发公共卫生事件的应急反应和终止

4.1 应急反应原则

发生突发公共卫生事件时，事发地的县级、市（地）级、省级人民政府及其有关部门按照分级响应的原则，作出相应级别应急反应。同时，要遵循突发公共卫生事件发生发展的客观规律，结合实际情况和预防控制工作的需要，及时调整预警和反应级别，以有效控制事件，减少危害和影响。要根据不同类别突发公共卫生事件的性质和特点，注重分析事件的发展趋势，对事态和影响不断扩大的事件，应及时升级预警和反应级别；对范围局限、不会进一步扩散的事件，应相应降低反应级别，及时撤销预警。

国务院有关部门和地方各级人民政府及有关部门对在学校、区域性或全国性重要活动期间等发生的突发公共卫生事件，要高度重视，可相应提高报告和反应级别，确保迅速、有效控制突发公共卫生事件，维护社会稳定。

突发公共卫生事件应急处理要采取边调查、边处理、边抢救、边核实的方式，以有效措施控制事态发展。

事发地之外的地方各级人民政府卫生行政部门接到突发公共卫生事件情况通报后，要及时通知相应的医疗卫生机构，组织做好应急处理所需的人员与物资准备，采取必要的预防控制措施，防止突发公共卫生事件在本行政区域内发生，并服从上一级人民政府卫生行政部门的统一指挥和调度，支援突发公共卫生事件发生地区的应急处理工作。

4.2 应急反应措施

4.2.1 各级人民政府

（1）组织协调有关部门参与突发公共卫生事件的处理。

（2）根据突发公共卫生事件处理需要，调集本行政区域内各类人员、物资、交通工具和相关设施、设备参加应急处理工作。涉及危险化学品管理和运输安全的，有关部门要严格执行相关规定，防止事故发生。

（3）划定控制区域：甲类、乙类传染病暴发、流行时，县级以上地方人民政府报经上一级地方人民政府决定，可以宣布疫区范围；经省、自治区、直辖市人民政府决定，可以对本行政区域内甲类传染病疫区实施封锁；封锁大、中城市的疫区或者封锁跨省（区、市）的疫区，以及封锁疫区导致中断干线交通或者封锁国境的，由国务院决定。对重大食物中毒和职业中毒事故，根据污染食品扩散和职业危害因素波及的范围，划定控制区域。

（4）疫情控制措施：当地人民政府可以在本行政区域内采取限制或者停止集市、集会、影剧院演出，以及其他人群聚集的活动；停工、停业、停课；封闭或者封存被传染病病原体污染的公共饮用水源、食品以及相关物品等紧急措施；临时征用房屋、交通工具以及相关设施和设备。

（5）流动人口管理：对流动人口采取预防工作，落实控制措施，对传染病病人、疑似病人采取就地隔离、就地观察、就地治疗的措施，对密切接触者根据情况采取集中或居家医学观察。

（6）实施交通卫生检疫：组织铁路、交通、民航、质检等部门在交通站点和出入境口岸设置临时交通卫生检疫站，对出入境、进出疫区和运行中的交通工具及其乘运人员和物资、宿主动物进行检疫查验，对病人、疑似病人及其密切接触者实施临时隔离、留验和向地方卫生行政部门指定的机构移交。

（7）信息发布：突发公共卫生事件发生后，有关部门要按照有关规定作好信息发布工作，信息发布要及时主动、准确把握，实事求是，正确引导舆论，注重社会效果。

（8）开展群防群治：街道、乡（镇）以及居委会、村委会协助卫生行政部门和其他部门、医疗机构，做好疫情信息的收集、报告、人员分散隔离及公共卫生措施的实施工作。

（9）维护社会稳定：组织有关部门保障商品供应，平抑物价，防止哄抢；严厉打击造谣传谣、哄抬物价、囤积居奇、制假售假等违法犯罪和扰乱社会治安的行为。

4.2.2 卫生行政部门

（1）组织医疗机构、疾病预防控制机构和卫生监督机构开展突发公共卫生事件的调查与处理。

（2）组织突发公共卫生事件专家咨询委员会对突发公共卫生事件进行评估，提出启动突发公共卫生事件应急处理的级别。

（3）应急控制措施：根据需要组织开展应急疫苗接种、预防服药。

（4）督导检查：国务院卫生行政部门组织对全国或重点地区的突发公共卫生事件应急处理工作进行督导和检查。省、市（地）级以及县级卫生行政部门负责对本行政区域内的应急处理工作进行督察和指导。

（5）发布信息与通报：国务院卫生行政部门或经授权的省、自治区、直辖市人民政府卫生行政部门及时向社会发布突发公共卫生事件的信息或公告。国务院卫生行政部门及时向国务院各有关部门和各省、自治区、直辖市卫生行政部门以及军队有关部门通报突发公共卫生事件情况。对涉及跨境的疫情线索，由国务院卫生行政部门向有关国家和地区通报情况。

（6）制订技术标准和规范：国务院卫生行政部门对新发现的突发传染病、不明原因的群体性疾病、重大中毒事件，组织力量制订技术标准和规范，及时组织全国培训。地方各级卫生行政部门开展相应的培训工作。

（7）普及卫生知识。针对事件性质，有针对性地开展卫生知识宣教，提高公众健康意识和自我防护能力，消除公众心理障碍，开展心理危机干预工作。

（8）进行事件评估：组织专家对突发公共卫生事件的处理情况进行综合评估，包括事件概况、现场调查处理概况、病人救治情况、所采取的措施、效果评价等。

4.2.3 医疗机构

（1）开展病人接诊、收治和转运工作，实行重症和普通病人分开管理，对疑似病人及时排除或确诊。

（2）协助疾控机构人员开展标本的采集、流行病学调查工作。

（3）做好医院内现场控制、消毒隔离、个人防护、医疗垃圾和污水处理工作，防止院内交叉感染和污染。

（4）做好传染病和中毒病人的报告。对因突发公共卫生事件而引起身体伤害的病人,任何医疗机构不得拒绝接诊。

(5) 对群体性不明原因疾病和新发传染病做好病例分析与总结,积累诊断治疗的经验。重大中毒事件,按照现场救援、病人转运、后续治疗相结合的原则进行处置。

(6) 开展科研与国际交流:开展与突发事件相关的诊断试剂、药品、防护用品等方面的研究。开展国际合作,加快病源查寻和病因诊断。

4.2.4 疾病预防控制机构

(1) 突发公共卫生事件信息报告:国家、省、市(地)、县级疾控机构做好突发公共卫生事件的信息收集、报告与分析工作。

(2) 开展流行病学调查:疾控机构人员到达现场后,尽快制订流行病学调查计划和方案,地方专业技术人员按照计划和方案,开展对突发事件累及人群的发病情况、分布特点进行调查分析,提出并实施有针对性的预防控制措施;对传染病病人、疑似病人、病原携带者及其密切接触者进行追踪调查,查明传播链,并向相关地方疾病预防控制机构通报情况。

(3) 实验室检测:中国疾病预防控制中心和省级疾病预防控制机构指定的专业技术机构在地方专业机构的配合下,按有关技术规范采集足量、足够的标本,分送省级和国家应急处理功能网络实验室检测,查找致病原因。

(4) 开展科研与国际交流:开展与突发事件相关的诊断试剂、疫苗、消毒方法、医疗卫生防护用品等方面的研究。开展国际合作,加快病源查寻和病因诊断。

(5) 制订技术标准和规范:中国疾病预防控制中心协助卫生行政部门制订全国新发现的突发传染病、不明原因的群体性疾病、重大中毒事件的技术标准和规范。

(6) 开展技术培训:中国疾病预防控制中心具体负责全国省级疾病预防控制中心突发公共卫生事件应急处理专业技术人员的应急培训。各省级疾病预防控制中心负责县级以上疾病预防控制机构专业技术人员的培训工作。

4.2.5 卫生监督机构

（1）在卫生行政部门的领导下，开展对医疗机构、疾病预防控制机构突发公共卫生事件应急处理各项措施落实情况的督导、检查。

（2）围绕突发公共卫生事件应急处理工作，开展食品卫生、环境卫生、职业卫生等的卫生监督和执法稽查。

（3）协助卫生行政部门依据《突发公共卫生事件应急条例》和有关法律法规，调查处理突发公共卫生事件应急工作中的违法行为。

4.2.6 出入境检验检疫机构

（1）突发公共卫生事件发生时，调动出入境检验检疫机构技术力量，配合当地卫生行政部门做好口岸的应急处理工作。

（2）及时上报口岸突发公共卫生事件信息和情况变化。

4.2.7 非事件发生地区的应急反应措施

未发生突发公共卫生事件的地区应根据其他地区发生事件的性质、特点、发生区域和发展趋势，分析本地区受波及的可能性和程度，重点做好以下工作：

（1）密切保持与事件发生地区的联系，及时获取相关信息。

（2）组织做好本行政区域应急处理所需的人员与物资准备。

（3）加强相关疾病与健康监测和报告工作，必要时，建立专门报告制度。

（4）开展重点人群、重点场所和重点环节的监测和预防控制工作，防患于未然。

（5）开展防治知识宣传和健康教育，提高公众自我保护意识和能力。

（6）根据上级人民政府及其有关部门的决定，开展交通卫生检疫等。

4.3 突发公共卫生事件的分级反应

特别重大突发公共卫生事件（具体标准见1.3）应急处理工作

由国务院或国务院卫生行政部门和有关部门组织实施，开展突发公共卫生事件的医疗卫生应急、信息发布、宣传教育、科研攻关、国际交流与合作、应急物资与设备的调集、后勤保障以及督导检查等工作。国务院可根据突发公共卫生事件性质和应急处置工作，成立全国突发公共卫生事件应急处理指挥部，协调指挥应急处置工作。事发地省级人民政府应按照国务院或国务院有关部门的统一部署，结合本地区实际情况，组织协调市（地）、县（市）人民政府开展突发公共事件的应急处理工作。

特别重大级别以下的突发公共卫生事件应急处理工作由地方各级人民政府负责组织实施。超出本级应急处置能力时，地方各级人民政府要及时报请上级人民政府和有关部门提供指导和支持。

4.4 突发公共卫生事件应急反应的终止

突发公共卫生事件应急反应的终止需符合以下条件：突发公共卫生事件隐患或相关危险因素消除，或末例传染病病例发生后经过最长潜伏期无新的病例出现。

特别重大突发公共卫生事件由国务院卫生行政部门组织有关专家进行分析论证，提出终止应急反应的建议，报国务院或全国突发公共卫生事件应急指挥部批准后实施。

特别重大以下突发公共卫生事件由地方各级人民政府卫生行政部门组织专家进行分析论证，提出终止应急反应的建议，报本级人民政府批准后实施，并向上一级人民政府卫生行政部门报告。

上级人民政府卫生行政部门要根据下级人民政府卫生行政部门的请求，及时组织专家对突发公共卫生事件应急反应的终止的分析论证提供技术指导和支持。

5 善后处理

5.1 后期评估

突发公共卫生事件结束后，各级卫生行政部门应在本级人民政府的领导下，组织有关人员对突发公共卫生事件的处理情况进行评估。评估内容主要包括事件概况、现场调查处理概况、病人救治情况、所采取措施的效果评价、应急处理过程中存在的问题和取得的经验及改进建议。评估报告上报本级人民政府和上一级人民政府卫生行政部门。

5.2 奖励

县级以上人民政府人事部门和卫生行政部门对参加突发公共卫生事件应急处理作出贡献的先进集体和个人进行联合表彰；民政部门对在突发公共卫生事件应急处理工作中英勇献身的人员，按有关规定追认为烈士。

5.3 责任

对在突发公共卫生事件的预防、报告、调查、控制和处理过程中，有玩忽职守、失职、渎职等行为的，依据《突发公共卫生事件应急条例》及有关法律法规追究当事人的责任。

5.4 抚恤和补助

地方各级人民政府要组织有关部门对因参与应急处理工作致病、致残、死亡的人员，按照国家有关规定，给予相应的补助和抚恤；对参加应急处理一线工作的专业技术人员应根据工作需要制订合理的补助标准，给予补助。

5.5 征用物资、劳务的补偿

突发公共卫生事件应急工作结束后，地方各级人民政府应组织有关部门对应急处理期间紧急调集、征用有关单位、企业、个人的物资和劳务进行合理评估，给予补偿。

6 突发公共卫生事件应急处置的保障

突发公共卫生事件应急处理应坚持预防为主，平战结合，国务院有关部门、地方各级人民政府和卫生行政部门应加强突发公共卫生事件的组织建设，组织开展突发公共卫生事件的监测和预警工作，加强突发公共卫生事件应急处理队伍建设和技术研究，建立健全国家统一的突发公共卫生事件预防控制体系，保证突发公共卫生事件应急处理工作的顺利开展。

6.1 技术保障
6.1.1 信息系统
国家建立突发公共卫生事件应急决策指挥系统的信息、技术平台，承担突发公共卫生事件及相关信息收集、处理、分析、发布和传递等工作，采取分级负责的方式进行实施。

要在充分利用现有资源的基础上建设医疗救治信息网络，实现卫生行政部门、医疗救治机构与疾病预防控制机构之间的信息共享。

6.1.2 疾病预防控制体系
国家建立统一的疾病预防控制体系。各省（区、市）、市（地）、县（市）要加快疾病预防控制机构和基层预防保健组织建设，强化医疗卫生机构疾病预防控制的责任；建立功能完善、反应迅速、运转协调的突发公共卫生事件应急机制；健全覆盖城乡、灵敏高效、快速畅通的疫情信息网络；改善疾病预防控制机构基础设施和实验室设备条件；加强疾病控制专业队伍建设，提高流行病学调查、现场处置和实验室检测检验能力。

6.1.3 应急医疗救治体系
按照"中央指导、地方负责、统筹兼顾、平战结合、因地制宜、合理布局"的原则，逐步在全国范围内建成包括急救机构、传染病救治机构和化学中毒与核辐射救治基地在内的，符合国情、覆盖城乡、功能完善、反应灵敏、运转协调、持续发展的医疗救治体系。

6.1.4 卫生执法监督体系
国家建立统一的卫生执法监督体系。各级卫生行政部门要明确职能，落实责任，规范执法监督行为，加强卫生执法监督队伍建设。对卫生监督人员实行资格准入制度和在岗培训制度，全面提高卫生执法监督的能力和水平。

6.1.5 应急卫生救治队伍
各级人民政府卫生行政部门按照"平战结合、因地制宜，分类管理、分级负责，统一管理、协调运转"的原则建立突发公共卫生事件应急救治队伍，并加强管理和培训。

6.1.6 演练

各级人民政府卫生行政部门要按照"统一规划、分类实施、分级负责、突出重点、适应需求"的原则，采取定期和不定期相结合的形式，组织开展突发公共卫生事件的应急演练。

6.1.7 科研和国际交流

国家有计划地开展应对突发公共卫生事件相关的防治科学研究，包括现场流行病学调查方法、实验室病因检测技术、药物治疗、疫苗和应急反应装备、中医药及中西医结合防治等，尤其是开展新发、罕见传染病快速诊断方法、诊断试剂以及相关的疫苗研究，做到技术上有所储备。同时，开展应对突发公共卫生事件应急处理技术的国际交流与合作，引进国外的先进技术、装备和方法，提高我国应对突发公共卫生事件的整体水平。

6.2 物资、经费保障

6.2.1 物资储备

各级人民政府要建立处理突发公共卫生事件的物资和生产能力储备。发生突发公共卫生事件时，应根据应急处理工作需要调用储备物资。卫生应急储备物资使用后要及时补充。

6.2.2 经费保障

应保障突发公共卫生事件应急基础设施项目建设经费，按规定落实对突发公共卫生事件应急处理专业技术机构的财政补助政策和突发公共卫生事件应急处理经费。应根据需要对边远贫困地区突发公共卫生事件应急工作给予经费支持。国务院有关部门和地方各级人民政府应积极通过国际、国内等多渠道筹集资金，用于突发公共卫生事件应急处理工作。

6.3 通信与交通保障

各级应急医疗卫生救治队伍要根据实际工作需要配备通信设备和交通工具。

6.4 法律保障

国务院有关部门应根据突发公共卫生事件应急处理过程中出现的新问题、新情况，加强调查研究，起草和制订并不断完善应对突发公共卫生事件的法律、法规和规章制度，形成科学、完整的突发公共卫生事件应急法律和规章体系。

国务院有关部门和地方各级人民政府及有关部门要严格执行《突发公共卫生事件应急条例》等规定，根据本预案要求，严格履行职责，实行责任制。对履行职责不力，造成工作损失的，要追究有关当事人的责任。

6.5 社会公众的宣传教育

县级以上人民政府要组织有关部门利用广播、影视、报刊、互联网、手册等多种形式对社会公众广泛开展突发公共卫生事件应急知识的普及教育，宣传卫生科普知识，指导群众以科学的行为和方式对待突发公共卫生事件。要充分发挥有关社会团体在普及卫生应急知识和卫生科普知识方面的作用。

7 预案管理与更新

根据突发公共卫生事件的形势变化和实施中发现的问题及时进行更新、修订和补充。

国务院有关部门根据需要和本预案的规定，制定本部门职责范围内的具体工作预案。

县级以上地方人民政府根据《突发公共卫生事件应急条例》的规定，参照本预案并结合本地区实际情况，组织制定本地区突发公共卫生事件应急预案。

8 附则

8.1 名词术语

重大传染病疫情是指某种传染病在短时间内发生、波及范围广泛，出现大量的病人或死亡病例，其发病率远远超过常年的发病率水平的情况。

群体性不明原因疾病是指在短时间内，某个相对集中的区域内同时或者相继出现具有共同临床表现病人,且病例不断增加,范围不断扩大,又暂时不能明确诊断的疾病。

重大食物和职业中毒是指由于食品污染和职业危害的原因而造成的人数众多或者伤亡较重的中毒事件。

新传染病是指全球首次发现的传染病。

我国尚未发现传染病是指埃博拉、猴痘、黄热病、人变异性克雅氏病等在其他国家和地区已经发现,在我国尚未发现过的传染病。

我国已消灭传染病是指天花、脊髓灰质炎等传染病。

8.2 预案实施时间

本预案自印发之日起实施。

突发公共卫生事件与传染病疫情监测信息报告管理办法

中华人民共和国卫生部令

第 37 号

《突发公共卫生事件与传染病疫情监测信息报告管理办法》已经部务会讨论通过。现予以发布，自发布之日起施行。

卫生部部长
二〇〇三年十一月七日

（卫生部令2003年第37号发布；2006年8月22日卫疾控发〔2006〕332号通知修订）

第一章 总 则

第一条 为加强突发公共卫生事件与传染病疫情监测信息报告管理工作，提供及时、科学的防治决策信息，有效预防、及时控制和消除突发公共卫生事件和传染病的危害，保障公众身体健康与生命安全，根据《中华人民共和国传染病防治法》（以下简称传染病防治法）和《突发公共卫生事件应急条例》（以下简称应急条例）等法律法规的规定，制定本办法。

第二条 本办法适用于传染病防治法、应急条例和国家有关法律法规中规定的突发公共卫生事件与传染病疫情监测信息报告管理工作。

第三条 突发公共卫生事件与传染病疫情监测信息报告，坚持依法管理，分级负责，快速准确，安全高效的原则。

第四条　国务院卫生行政部门对全国突发公共卫生事件与传染病疫情监测信息报告实施统一监督管理。

县级以上地方卫生行政部门对本行政区域突发公共卫生事件与传染病疫情监测信息报告实施监督管理。

第五条　国务院卫生行政部门及省、自治区、直辖市卫生行政部门鼓励、支持开展突发公共卫生事件与传染病疫情监测信息报告管理的科学技术研究和国际交流合作。

第六条　县级以上各级人民政府及其卫生行政部门，应当对在突发公共卫生事件与传染病疫情监测信息报告管理工作中做出贡献的人员，给予表彰和奖励。

第七条　任何单位和个人必须按照规定及时如实报告突发公共卫生事件与传染病疫情信息，不得瞒报、缓报、谎报或者授意他人瞒报、缓报、谎报。

第二章　组织管理

第八条　各级疾病预防控制机构按照专业分工，承担责任范围内突发公共卫生事件和传染病疫情监测、信息报告与管理工作，具体职责为：

（一）按照属地化管理原则，当地疾病预防控制机构负责，对行政辖区内的突发公共卫生事件和传染病疫情进行监测、信息报告与管理；负责收集、核实辖区内突发公共卫生事件、疫情信息和其他信息资料；设置专门的举报、咨询热线电话，接受突发公共卫生事件和疫情的报告、咨询和监督；设置专门工作人员搜集各种来源的突发公共卫生事件和疫情信息。

（二）建立流行病学调查队伍和实验室，负责开展现场流行病学调查与处理，搜索密切接触者、追踪传染源，必要时进行隔离观察；进行疫点消毒及其技术指导；标本的实验室检测检验及报告。

（三）负责公共卫生信息网络维护和管理，疫情资料的报告、分析、利用与反馈；建立监测信息数据库，开展技术指导。

（四）对重点涉外机构或单位发生的疫情，由省级以上疾病预防控制机构进行报告管理和检查指导。

（五）负责人员培训与指导，对下级疾病预防控制机构工作人员进行业务培训；对辖区内医院和下级疾病预防控制机构疫情报告和信息网络管理工作进行技术指导。

第九条　国家建立公共卫生信息监测体系，构建覆盖国家、省、市（地）、县（区）疾病预防控制机构、医疗卫生机构和卫生行政部门的信息网络系统，并向乡（镇）、村和城市社区延伸。

国家建立公共卫生信息管理平台、基础卫生资源数据库和管理应用软件，适应突发公共卫生事件、法定传染病、公共卫生和专病监测的信息采集、汇总、分析、报告等工作的需要。

第十条　各级各类医疗机构承担责任范围内突发公共卫生事件和传染病疫情监测信息报告任务，具体职责为：

（一）建立突发公共卫生事件和传染病疫情信息监测报告制度，包括报告卡和总登记簿、疫情收报、核对、自查、奖惩。

（二）执行首诊负责制，严格门诊工作日志制度以及突发公共卫生事件和疫情报告制度，负责突发公共卫生事件和疫情监测信息报告工作。

（三）建立或指定专门的部门和人员，配备必要的设备，保证突发公共卫生事件和疫情监测信息的网络直接报告。

门诊部、诊所、卫生所（室）等应按照规定时限，以最快通讯方式向发病地疾病预防控制机构进行报告，并同时报出传染病报告卡。

报告卡片邮寄信封应当印有明显的"突发公共卫生事件或疫情"标志及写明XX疾病预防控制机构收的字样。

（四）对医生和实习生进行有关突发公共卫生事件和传染病疫情监测信息报告工作的培训。

（五）配合疾病预防控制机构开展流行病学调查和标本采样。

第十一条　流动人员中发生的突发公共卫生事件和传染病病人、病原携带者和疑似传染病病人的报告、处理、疫情登记、统计，由诊治地负责。

第十二条　铁路、交通、民航、厂（场）矿所属的医疗卫生机构发现突发公共卫生事件和传染病疫情，应按属地管理原则向所在地县级疾病预防控制机构报告。

第十三条　军队内的突发公共卫生事件和军人中的传染病疫情监测信息，由中国人民解放军卫生主管部门根据有关规定向国务院卫生行政部门直接报告。

军队所属医疗卫生机构发现地方就诊的传染病病人、病原携带者、疑似传染病病人时，应按属地管理原则向所在地疾病预防控制机构报告。

第十四条　医疗卫生人员未经当事人同意，不得将传染病病人及其家属的姓名、住址和个人病史以任何形式向社会公开。

第十五条　各级政府卫生行政部门对辖区内各级医疗卫生机构负责的突发公共卫生事件和传染病疫情监测信息报告情况，定期进行监督、检查和指导。

第三章　报　告

第十六条　各级各类医疗机构、疾病预防控制机构、采供血机构均为责任报告单位；其执行职务的人员和乡村医生、个体开业医生均为责任疫情报告人，必须按照传染病防治法的规定进行疫情报告，履行法律规定的义务。

第十七条　责任报告人在首次诊断传染病病人后，应立即填写传染病报告卡。

传染病报告卡由录卡单位保留三年。

第十八条　责任报告单位和责任疫情报告人发现甲类传染病和乙类传染病中的肺炭疽、传染性非典型肺炎、脊髓灰质炎、人感染高致病性禽流感病人或疑似病人时，或发现其他传染病和不明原因疾病暴发时，应于2小时内将传染病报告卡通过网络报告；未实行网络直报的责任报告单位应于2小时内以最快的通讯方式（电话、传真）向当地县级疾病预防控制机构报告，并于2小时内寄送出传染病报告卡。

对其他乙、丙类传染病病人、疑似病人和规定报告的传染病病原携带者在诊断后，实行网络直报的责任报告单位应于24小时内进行网络报告；未实行网络直报的责任报告单位应于24小时内寄送出传染病报告卡。

县级疾病预防控制机构收到无网络直报条件责任报告单位报送的传染病报告卡后，应于2小时内通过网络进行直报。

第十九条 获得突发公共卫生事件相关信息的责任报告单位和责任报告人，应当在2小时内以电话或传真等方式向属地卫生行政部门指定的专业机构报告，具备网络直报条件的要同时进行网络直报，直报的信息由指定的专业机构审核后进入国家数据库。不具备网络直报条件的责任报告单位和责任报告人，应采用最快的通讯方式将《突发公共卫生事件相关信息报告卡》报送属地卫生行政部门指定的专业机构，接到《突发公共卫生事件相关信息报告卡》的专业机构，应对信息进行审核，确定真实性，2小时内进行网络直报，同时以电话或传真等方式报告同级卫生行政部门。

接到突发公共卫生事件相关信息报告的卫生行政部门应当尽快组织有关专家进行现场调查，如确认为实际发生突发公共卫生事件，应根据不同的级别，及时组织采取相应的措施，并在2小时内向本级人民政府报告，同时向上一级人民政府卫生行政部门报告。如尚未达到突发公共卫生事件标准的，由专业防治机构密切跟踪事态发展，随时报告事态变化情况。

第二十条 突发公共卫生事件及传染病信息报告的其它事项按照《突发公共卫生事件相关信息报告管理工作规范（试行）》及《传染病信息报告管理规范》有关规定执行。

第四章 调 查

第二十一条 接到突发公共卫生事件报告的地方卫生行政部

门，应当立即组织力量对报告事项调查核实、判定性质，采取必要的控制措施，并及时报告调查情况。

不同类别的突发公共卫生事件的调查应当按照《全国突发公共卫生事件应急预案》规定要求执行。

第二十二条 突发公共卫生事件与传染病疫情现场调查应包括以下工作内容：

（一）流行病学个案调查、密切接触者追踪调查和传染病发病原因、发病情况、疾病流行的可能因素等调查；

（二）相关标本或样品的采样、技术分析、检验；

（三）突发公共卫生事件的确证；

（四）卫生监测，包括生活资源受污染范围和严重程度，必要时应在突发事件发生地及相邻省市同时进行。

第二十三条 各级卫生行政部门应当组织疾病预防控制机构等有关领域的专业人员，建立流行病学调查队伍，负责突发公共卫生事件与传染病疫情的流行病学调查工作。

第二十四条 疾病预防控制机构发现传染病疫情或接到传染病疫情报告时，应当及时采取下列措施：

（一）对传染病疫情进行流行病学调查，根据调查情况提出划定疫点、疫区的建议，对被污染的场所进行卫生处理，对密切接触者，在指定场所进行医学观察和采取其他必要的预防措施，并向卫生行政部门提出疫情控制方案；

（二）传染病暴发、流行时，对疫点、疫区进行卫生处理，向卫生行政部门提出疫情控制方案，并按照卫生行政部门的要求采取措施；

（三）指导下级疾病预防控制机构实施传染病预防、控制措施，组织、指导有关单位对传染病疫情的处理。

第二十五条 各级疾病预防控制机构负责管理国家突发公共卫生事件与传染病疫情监测报告信息系统，各级责任报告单位使用统一的信息系统进行报告。

第二十六条　各级各类医疗机构应积极配合疾病预防控制机构专业人员进行突发公共卫生事件和传染病疫情调查、采样与处理。

第五章　信息管理与通报

第二十七条　各级各类医疗机构所设与诊治传染病有关的科室应当建立门诊日志、住院登记簿和传染病疫情登记簿。

第二十八条　各级各类医疗机构指定的部门和人员，负责本单位突发公共卫生事件和传染病疫情报告卡的收发和核对，设立传染病报告登记簿，统一填报有关报表。

第二十九条　县级疾病预防控制机构负责本辖区内突发公共卫生事件和传染病疫情报告卡、报表的收发、核对、疫情的报告和管理工作。

各级疾病预防控制机构应当按照国家公共卫生监测体系网络系统平台的要求，充分利用报告的信息资料，建立突发公共卫生事件和传染病疫情定期分析通报制度，常规监测时每月不少于三次疫情分析与通报，紧急情况下需每日进行疫情分析与通报。

第三十条　国境口岸所在地卫生行政部门指定的疾病预防控制机构和港口、机场、铁路等疾病预防控制机构及国境卫生检疫机构，发现国境卫生检疫法规定的检疫传染病时，应当互相通报疫情。

第三十一条　发现人畜共患传染病时，当地疾病预防控制机构和农、林部门应当互相通报疫情。

第三十二条　国务院卫生行政部门应当及时通报和公布突发公共卫生事件和传染病疫情，省（自治区、直辖市）人民政府卫生行政部门根据国务院卫生行政部门的授权，及时通报和公布本行政区域的突发公共卫生事件和传染病疫情。

突发公共卫生事件和传染病疫情发布内容包括：

（一）突发公共卫生事件和传染病疫情性质、原因；

（二）突发公共卫生事件和传染病疫情发生地及范围；

（三）突发公共卫生事件和传染病疫情的发病、伤亡及涉及的人员范围；

（四）突发公共卫生事件和传染病疫情处理措施和控制情况；

（五）突发公共卫生事件和传染病疫情发生地的解除。

与港澳台地区及有关国家和世界卫生组织之间的交流与通报办法另行制订。

第六章 监督管理

第三十三条 国务院卫生行政部门对全国突发公共卫生事件与传染病疫情监测信息报告管理工作进行监督、指导。

县级以上地方人民政府卫生行政部门对本行政区域的突发公共卫生事件与传染病疫情监测信息报告管理工作进行监督、指导。

第三十四条 各级卫生监督机构在卫生行政部门的领导下，具体负责本行政区内的突发公共卫生事件与传染病疫情监测信息报告管理工作的监督检查。

第三十五条 各级疾病预防控制机构在卫生行政部门的领导下，具体负责对本行政区域内的突发公共卫生事件与传染病疫情监测信息报告管理工作的技术指导。

第三十六条 各级各类医疗卫生机构在卫生行政部门的领导下，积极开展突发公共卫生事件与传染病疫情监测信息报告管理工作。

第三十七条 任何单位和个人发现责任报告单位或责任疫情报告人有瞒报、缓报、谎报突发公共卫生事件和传染病疫情情况时，应向当地卫生行政部门报告。

第七章 罚 则

第三十八条 医疗机构有下列行为之一的，由县级以上地方卫生行政部门责令改正、通报批评、给予警告；情节严重的，会同有关部门对主要负责人、负有责任的主管人员和其他责任人员依法给予降级、撤职的行政处分；造成传染病传播、流行或者对社会公众健康造成其它严重危害后果，构成犯罪的，依据刑法追究刑事责任：

（一）未建立传染病疫情报告制度的；

（二）未指定相关部门和人员负责传染病疫情报告管理工作的；

（三）瞒报、缓报、谎报发现的传染病病人、病原携带者、疑似病人的。

第三十九条　疾病预防控制机构有下列行为之一的，由县级以上地方卫生行政部门责令改正、通报批评、给予警告；对主要负责人、负有责任的主管人员和其他责任人员依法给予降级、撤职的行政处分；造成传染病传播、流行或者对社会公众健康造成其它严重危害后果，构成犯罪的，依法追究刑事责任：

（一）瞒报、缓报、谎报发现的传染病病人、病原携带者、疑似病人的；

（二）未按规定建立专门的流行病学调查队伍，进行传染病疫情的流行病学调查工作；

（三）在接到传染病疫情报告后，未按规定派人进行现场调查的；

（四）未按规定上报疫情或报告突发公共卫生事件的。

第四十条　执行职务的医疗卫生人员瞒报、缓报、谎报传染病疫情的，由县级以上卫生行政部门给予警告，情节严重的，责令暂停六个月以上一年以下执业活动，或者吊销其执业证书。

责任报告单位和事件发生单位瞒报、缓报、谎报或授意他人不报告突发性公共卫生事件或传染病疫情的，对其主要领导、主管人员和直接责任人由其单位或上级主管机关给予行政处分，造成疫情播散或事态恶化等严重后果的，由司法机关追究其刑事责任。

第四十一条　个体或私营医疗保健机构瞒报、缓报、谎报传染病疫情或突发性公共卫生事件的，由县级以上卫生行政部门责令限期改正，可以处100元以上500元以下罚款；对造成突发性公共卫生事件和传染病传播流行的,责令停业整改,并可以处 200 元以上 2000 元以下罚款,触犯刑律的,对其经营者、主管人员和直接责任人移交司法机关追究刑事责任。

第四十二条 县级以上卫生行政部门未按照规定履行突发公共卫生事件和传染病疫情报告职责,瞒报、缓报、谎报或者授意他人瞒报、缓报、谎报的,对主要负责人依法给予降级或者撤职的行政处分;造成传染病传播、流行或者对社会公众造成其他严重危害后果的,给予开除处分;构成犯罪的,依法追究刑事责任。

第八章 附 则

第四十三条 中国人民解放军、武装警察部队医疗卫生机构突发公共卫生事件与传染病疫情监测信息报告管理工作,参照本办法的规定和军队的相关规定执行。

第四十四条 本办法自发布之日起实施。

国境口岸突发公共卫生事件出入境检验检疫应急处理规定

国家质量监督检验检疫总局

第 57 号

《国境口岸突发公共卫生事件出入境检验检疫应急处理规定》已经 2003 年 9 月 28 日国家质量监督检验检疫总局局务会议审议通过,现予公布,自公布之日起施行。

国家质量监督检验检疫总局局长
二〇〇三年十一月七日

第一章 总 则

第一条 为有效预防、及时缓解、控制和消除突发公共卫生事件的危害,保障出入境人员和国境口岸公众身体健康,维护国境口岸正常的社会秩序,依据《中华人民共和国国境卫生检疫法》及其实施细则和《突发公共卫生事件应急条例》,制定本规定。

第二条 本规定所称突发公共卫生事件(以下简称突发事件)是指突然发生,造成或可能造成出入境人员和国境口岸公众健康严重损害的重大传染病疫情、群体性不明原因疾病、重大食物中毒以及其他严重影响公众健康的事件,包括:

(一)发生鼠疫、霍乱、黄热病、肺炭疽、传染性非典型肺炎病例的;

(二)乙类、丙类传染病较大规模的暴发、流行或多人死亡的;

(三)发生罕见的或者国家已宣布消除的传染病等疫情的;

(四)传染病菌种、毒种丢失的;

(五)发生临床表现相似的但致病原因不明且有蔓延趋势或可

能蔓延趋势的群体性疾病的；

（六）中毒人数10人以上或者中毒死亡的；

（七）国内外发生突发事件，可能危及国境口岸的。

第三条 本规定适用于在涉及国境口岸和出入境人员、交通工具、货物、集装箱、行李、邮包等范围内，对突发事件的应急处理。

第四条 国境口岸突发事件出入境检验检疫应急处理，应当遵循预防为主、常备不懈的方针，贯彻统一领导、分级负责、反应及时、措施果断、依靠科学、加强合作的原则。

第五条 各级检验检疫机构对参加国境口岸突发事件出入境检验检疫应急处理做出贡献的人员应给予表彰和奖励。

第二章 组织管理

第六条 国家质量监督检验检疫总局（以下简称国家质检总局）及其设在各地的直属出入境检验检疫局（以下简称直属检验检疫局）和分支机构，组成国境口岸突发事件出入境检验检疫应急指挥体系。

第七条 国家质检总局统一协调、管理国境口岸突发事件出入境检验检疫应急指挥体系，并履行下列职责：

（一）研究制订国境口岸突发事件出入境检验检疫应急处理方案；

（二）指挥和协调检验检疫机构做好国境口岸突发事件出入境检验检疫应急处理工作，组织调动本系统的技术力量和相关资源；

（三）检查督导检验检疫机构有关应急工作的落实情况，督察各项应急处理措施落实到位；

（四）协调与国家相关行政主管部门的关系，建立必要的应急协调联系机制；

（五）收集、整理、分析和上报有关情报信息和事态变化情况，为国家决策提供处置意见和建议；向各级检验检疫机构传达、部署上级机关有关各项命令；

（六）鼓励、支持和统一协调开展国境口岸突发事件出入境检验检疫监测、预警、反应处理等相关技术的国际交流与合作。

国家质检总局成立国境口岸突发事件出入境检验检疫应急处理专家咨询小组，为应急处理提供专业咨询、技术指导，为应急决策提供建议和意见。

第八条　直属检验检疫局负责所辖区域内的国境口岸突发事件出入境检验检疫应急处理工作，并履行下列职责：

（一）在本辖区组织实施国境口岸突发事件出入境检验检疫应急处理预案；

（二）调动所辖检验检疫机构的力量和资源，开展应急处置工作；

（三）及时向国家质检总局报告应急工作情况、提出工作建议；

（四）协调与当地人民政府及其卫生行政部门以及口岸管理部门、海关、边检等相关部门的联系。

直属检验检疫局成立国境口岸突发事件出入境检验检疫应急处理专业技术机构，承担相应工作。

第九条　分支机构应当履行下列职责：

（一）组建突发事件出入境检验检疫应急现场指挥部，根据具体情况及时组织现场处置工作；

（二）与直属检验检疫局突发事件出入境检验检疫应急处理专业技术机构共同开展现场应急处置工作，并随时上报信息；

（三）加强与当地人民政府及其相关部门的联系与协作。

第三章　应急准备

第十条　国家质检总局按照《突发公共卫生事件应急条例》的要求，制订全国国境口岸突发事件出入境检验检疫应急预案。

各级检验检疫机构根据全国国境口岸突发事件出入境检验检疫应急预案，结合本地口岸实际情况，制订本地国境口岸突发事件出入境检验检疫应急预案，并报上一级机构和当地政府备案。

第十一条 各级检验检疫机构应当定期开展突发事件出入境检验检疫应急处理相关技能的培训，组织突发事件出入境检验检疫应急演练，推广先进技术。

第十二条 各级检验检疫机构应当根据国境口岸突发事件出入境检验检疫应急预案的要求，保证应急处理人员、设施、设备、防治药品和器械等资源的配备、储备，提高应对突发事件的处理能力。

第十三条 各级检验检疫机构应当依照法律、行政法规、规章的规定，开展突发事件应急处理知识的宣传教育，增强对突发事件的防范意识和应对能力。

第四章 报告与通报

第十四条 国家质检总局建立国境口岸突发事件出入境检验检疫应急报告制度，建立重大、紧急疫情信息报告系统。

有本规定第二条规定情形之一的，直属检验检疫局应当在接到报告1小时内向国家质检总局报告，并同时向当地政府报告。

国家质检总局对可能造成重大社会影响的突发事件，应当及时向国务院报告。

第十五条 分支机构获悉有本规定第二条规定情形之一的，应当在1小时内向直属检验检疫局报告，并同时向当地政府报告。

第十六条 国家质检总局和各级检验检疫机构应当指定专人负责信息传递工作，并将人员名单及时向所辖系统内通报。

第十七条 国境口岸有关单位和个人发现有本规定第二条规定情形之一的，应当及时、如实地向所在口岸的检验检疫机构报告，不得隐瞒、缓报、谎报或者授意他人隐瞒、缓报、谎报。

第十八条 接到报告的检验检疫机构应当依照本规定立即组织力量对报告事项调查核实、确认，采取必要的控制措施，并及时报告调查情况。

第十九条 国家质检总局应当将突发事件的进展情况,及时向国务院有关部门和直属检验检疫局通报。

接到通报的直属检验检疫局,应当及时通知本局辖区内的有关分支机构。

第二十条 国家质检总局建立突发事件出入境检验检疫风险预警快速反应信息网络系统。

各级检验检疫机构负责将发现的突发事件通过网络系统及时向上级报告,国家质检总局通过网络系统及时通报。

第五章 应急处理

第二十一条 突发事件发生后,发生地检验检疫机构经上一级机构批准,应当对突发事件现场采取下列紧急控制措施:

(一)对现场进行临时控制,限制人员出入;对疑为人畜共患的重要疾病疫情,禁止病人或者疑似病人与易感动物接触;

(二)对现场有关人员进行医学观察,临时隔离留验;

(三)对出入境交通工具、货物、集装箱、行李、邮包等采取限制措施,禁止移运;

(四)封存可能导致突发事件发生或者蔓延的设备、材料、物品;

(五)实施紧急卫生处理措施。

第二十二条 检验检疫机构应当组织专家对突发事件进行流行病学调查、现场监测、现场勘验,确定危害程度,初步判断突发事件的类型,提出启动国境口岸突发事件出入境检验检疫应急预案的建议。

第二十三条 国家质检总局国境口岸突发事件出入境检验检疫应急预案应当报国务院批准后实施;各级检验检疫机构的国境口岸突发事件出入境检验检疫应急预案的启动,应当报上一级机构批准后实施,同时报告当地政府。

第二十四条 国境口岸突发事件出入境检验检疫技术调查、确证、处置、控制和评价工作由直属检验检疫局应急处理专业技术机构实施。

第二十五条　根据突发事件应急处理的需要，国境口岸突发事件出入境检验检疫应急处理指挥体系有权调集出入境检验检疫人员、储备物资、交通工具以及相关设施、设备；必要时，国家质检总局可以依照《中华人民共和国国境卫生检疫法》第六条的规定，提请国务院下令封锁有关的国境或者采取其他紧急措施。

第二十六条　参加国境口岸突发事件出入境检验检疫应急处理的工作人员，应当按照预案的规定，采取卫生检疫防护措施，并在专业人员的指导下进行工作。

第二十七条　出入境交通工具上发现传染病病人、疑似传染病病人，其负责人应当以最快的方式向当地口岸检验检疫机构报告，检验检疫机构接到报告后，应当立即组织有关人员采取相应的卫生检疫处置措施。

对出入境交通工具上的传染病病人密切接触者，应当依法予以留验和医学观察；或依照卫生检疫法律、行政法规的规定，采取控制措施。

第二十八条　检验检疫机构应当对临时留验、隔离人员进行必要的检查检验，并按规定作详细记录；对需要移送的病人，应当按照有关规定将病人及时移交给有关部门或机构进行处理。

第二十九条　在突发事件中被实施留验、就地诊验、隔离处置、卫生检疫观察的病人、疑似病人和传染病病人密切接触者，在检验检疫机构采取卫生检疫措施时，应当予以配合。

第六章　法律责任

第三十条　在国境口岸突发事件出入境检验检疫应急处理工作中，口岸有关单位和个人有下列情形之一的，依照有关法律法规的规定，予以警告或者罚款，构成犯罪的，依法追究刑事责任：

（一）向检验检疫机构隐瞒、缓报或者谎报突发事件的；

（二）拒绝检验检疫机构进入突发事件现场进行应急处理的；

（三）以暴力或其他方式妨碍检验检疫机构应急处理工作人员执行公务的。

第三十一条 检验检疫机构未依照本规定履行报告职责，对突发事件隐瞒、缓报、谎报或者授意他人隐瞒、缓报、谎报的，对主要负责人及其他直接责任人员予以行政处分；构成犯罪的，依法追究刑事责任。

第三十二条 突发事件发生后，检验检疫机构拒不服从上级检验检疫机构统一指挥，贻误采取应急控制措施时机或者违背应急预案要求拒绝上级检验检疫机构对人员、物资的统一调配的，对单位予以通报批评；造成严重后果的，对主要负责人或直接责任人员予以行政处分，构成犯罪的，依法追究刑事责任。

第三十三条 突发事件发生后，检验检疫机构拒不履行出入境检验检疫应急处理职责的，对上级检验检疫机构的调查不予配合或者采取其他方式阻碍、干涉调查的，由上级检验检疫机构责令改正，对主要负责人及其他直接责任人员予以行政处分；构成犯罪的，依法追究刑事责任。

第三十四条 检验检疫机构工作人员在突发事件应急处理工作中滥用职权、玩忽职守、徇私舞弊的，对主要负责人及其他直接责任人员予以行政处分；构成犯罪的，依法追究刑事责任。

第七章 附 则

第三十五条 本规定由国家质检总局负责解释。

第三十六条 本规定自发布之日起施行。

生活饮用水卫生监督管理办法

中华人民共和国住房和城乡建设部
中华人民共和国国家卫生和计划生育委员会令
第 31 号

《住房城乡建设部 国家卫生计生委关于修改〈生活饮用水卫生监督管理办法〉的决定》已经住房城乡建设部常务会议、国家卫生计生委委主任会议审议通过,现予发布,自2016年6月1日起施行。

住房城乡建设部部长
国家卫生计生委主任
2016年4月17日

第一章 总 则

第一条 为保证生活饮用水(以下简称饮用水)卫生安全,保障人体健康,根据《中华人民共和国传染病防治法》及《城市供水条例》的有关规定,制定本办法。

第二条 本办法适用于集中式供水、二次供水单位(以下简称供水单位)和涉及饮用水卫生安全的产品的卫生监督管理。

凡在中华人民共和国领域内的任何单位和个人均应遵守本办法。

第三条 国务院卫生计生主管部门主管全国饮用水卫生监督工作，县级以上地方人民政府卫生计生主管部门主管本行政区域内饮用水卫生监督工作。

国务院住房城乡建设主管部门主管全国城市饮用水卫生管理工作。县级以上地方人民政府住房城乡建设主管部门主管本行政区域内城镇饮用水卫生管理工作。

第四条 国家对供水单位和涉及饮用水卫生安全的产品实行卫生许可制度。

第五条 国家鼓励有益于饮用水卫生安全的新产品、新技术、新工艺的研制开发和推广应用。

第二章 卫生管理

第六条 供水单位供应的饮用水必须符合国家生活饮用水卫生标准。

第七条 集中式供水单位取得工商行政管理部门颁发的营业执照后，还应当取得县级以上地方人民政府卫生计生主管部门颁发的卫生许可证，方可供水。

第八条 供水单位新建、改建、扩建的饮用水供水工程项目，应当符合卫生要求，选址和设计审查、竣工验收必须有建设、卫生行政主管部门参加。

第九条 供水单位应建立饮用水卫生管理规章制度，配备专职或兼职人员，负责饮用水卫生管理工作。

第十条 集中式供水单位必须有水质净化消毒设施及必要的水质检验仪器、设备和人员，对水质进行日常性检验，并向当地人民政府卫生计生主管部门和住房城乡建设主管部门报送检测资料。

城市自来水供水企业和自建设施对外供水的企业，其生产管理制度的建立和执行、人员上岗的资格和水质日常检测工作由城市住房城乡建设主管部门负责管理。

第十一条 直接从事供、管水的人员必须取得体检合格证后方可上岗工作，并每年进行一次健康检查。

凡患有痢疾、伤寒、甲型病毒性肝炎、戊型病毒性肝炎、活动性肺结核、化脓性或渗出性皮肤病及其他有碍饮用水卫生的疾病的和病原携带者，不得直接从事供、管水工作。

直接从事供、管水的人员，未经卫生知识培训不得上岗工作。

第十二条 生产涉及饮用水卫生安全的产品的单位和个人，必须按规定向政府卫生计生主管部门申请办理产品卫生许可批准文件，取得批准文件后，方可生产和销售。

任何单位和个人不得生产、销售、使用无批准文件的前款产品。

第十三条 饮用水水源地必须设置水源保护区。保护区内严禁修建任何可能危害水源水质卫生的设施及一切有碍水源水质卫生的行为。

第十四条 二次供水设施选址、设计、施工及所用材料，应保证不使饮用水水质受到污染，并有利于清洗和消毒。各类蓄水设施要加强卫生防护，定期清洗和消毒。具体管理办法由省、自治区、直辖市根据本地区情况另行规定。

第十五条 当饮用水被污染，可能危及人体健康时，有关单位或责任人应立即采取措施，消除污染，并向当地人民政府卫生计生主管部门和住房城乡建设主管部门报告。

第三章 卫生监督

第十六条 县级以上人民政府卫生计生主管部门负责本行政区域内饮用水卫生监督监测工作。

供水单位的供水范围在本行政区域内的，由该行政区人民政府卫生计生主管部门负责其饮用水卫生监督监测工作；

供水单位的供水范围超出其所在行政区域的，由供水单位所在行政区域的上一级人民政府卫生计生主管部门负责其饮用水卫生监督监测工作；

供水单位的供水范围超出其所在省、自治区、直辖市的，由该供水单位所在省、自治区、直辖市人民政府卫生计生主管部门负责其饮用水卫生监督监测工作。

铁道、交通、民航行政主管部门设立的卫生监督机构，行使国务院卫生计生主管部门会同国务院有关部门规定的饮用水卫生监督职责。

第十七条　新建、改建、扩建集中式供水项目时，当地人民政府卫生计生主管部门应做好预防性卫生监督工作，并负责本行政区域内饮用水的水源水质监督监测和评价。

第十八条　医疗单位发现因饮用水污染出现的介水传染病或化学中毒病例时，应及时向当地人民政府卫生计生主管部门和卫生防疫机构报告。

第十九条　县级以上地方人民政府卫生计生主管部门负责本行政区域内饮用水污染事故对人体健康影响的调查。当发现饮用水污染危及人体健康，须停止使用时，对二次供水单位应责令其立即停止供水；对集中式供水单位应当会同城市住房城乡建设主管部门报同级人民政府批准后停止供水。

第二十条　供水单位卫生许可证由县级以上人民政府卫生计生主管部门按照本办法第十六条规定的管理范围发放，有效期四年。有效期满前六个月重新提出申请换发新证。

第二十一条　涉及饮用水卫生安全的产品，应当按照有关规定进行卫生安全性评价，符合卫生标准和卫生规范要求。

利用新材料、新工艺和新化学物质生产的涉及饮用水卫生安全产品应当取得国务院卫生计生主管部门颁发的卫生许可批准文件；除利用新材料、新工艺和新化学物质外生产的其他涉及饮用水卫生安全产品应当取得省级人民政府卫生计生主管部门颁发的卫生许可批准文件。

涉及饮用水卫生安全产品的卫生许可批准文件的有效期为四年。

第二十二条 凡取得卫生许可证的单位或个人，以及取得卫生许可批准文件的饮用水卫生安全的产品，经日常监督检查，发现已不符合卫生许可证颁发条件或不符合卫生许可批准文件颁发要求的，原批准机关有权收回有关证件或批准文件。

第二十三条 县级以上人民政府卫生计生主管部门设饮用水卫生监督员，负责饮用水卫生监督工作。县级人民政府卫生计生主管部门可聘任饮用水卫生检查员，负责乡、镇饮用水卫生检查工作。

饮用水卫生监督员由县级以上人民政府卫生计生主管部门发给证书，饮用水卫生检查员由县级人民政府卫生计生主管部门发给证书。

铁道、交通、民航的饮用水卫生监督员，由其上级行政主管部门发给证书。

第二十四条 饮用水卫生监督员应秉公执法，忠于职守，不得利用职权谋取私利。

第四章 罚 则

第二十五条 集中式供水单位安排未取得体检合格证的人员从事直接供、管水工作或安排患有有碍饮用水卫生疾病的或病原携带者从事直接供、管水工作的，县级以上地方人民政府卫生计生主管部门应当责令限期改进，并可对供水单位处以20元以上1000元以下的罚款。

第二十六条 违反本办法规定，有下列情形之一的，县级以上地方人民政府卫生计生主管部门应当责令限期改进，并可处以20元以上5000元以下的罚款：

（一）在饮用水水源保护区修建危害水源水质卫生的设施或进行有碍水源水质卫生的作业的；

（二）新建、改建、扩建的饮用水供水项目未经卫生计生主管部门参加选址、设计审查和竣工验收而擅自供水的；

（三）供水单位未取得卫生许可证而擅自供水的；

（四）供水单位供应的饮用水不符合国家规定的生活饮用水卫生标准的；

第二十七条　违反本办法规定，生产或者销售无卫生许可批准文件的涉及饮用水卫生安全的产品的，县级以上地方人民政府卫生计生主管部门应当责令改进，并可处以违法所得3倍以下的罚款，但最高不超过30000元，或处以500元以上10000元以下的罚款。

第二十八条　城市自来水供水企业和自建设施对外供水的企业，有下列行为之一的，由住房城乡建设主管部门责令限期改进，并可处以违法所得3倍以下的罚款，但最高不超过30000元，没有违法所得的可处以10000元以下罚款：

（一）新建、改建、扩建的饮用水供水工程项目未经住房城乡建设主管部门设计审查和竣工验收而擅自建设并投入使用的；

（二）未按规定进行日常性水质检验工作的；

第五章　附　则

第二十九条　本办法下列用语的含义是：

集中式供水：由水源集中取水，经统一净化处理和消毒后，由输水管网送至用户的供水方式（包括公共供水和单位自建设施供水）。

二次供水：将来自集中式供水的管道水另行加压，贮存，再送至水站或用户的供水设施；包括客运船舶、火车客车等交通运输工具上的供水（有独自制水设施者除外）。

涉及饮用水卫生安全的产品：凡在饮用水生产和供水过程中与

饮用水接触的联接止水材料、塑料及有机合成管材、管件、防护涂料、水处理剂、除垢剂、水质处理器及其他新材料和化学物质。

直接从事供、管水的人员：从事净水、取样、化验、二次供水卫生管理及水池、水箱清洗人员。

第三十条 本办法由国务院卫生计生主管部门、国务院住房城乡建设主管部门负责解释。

第三十一条 本办法自一九九七年一月一日起施行。

劳动安全卫生监察员管理办法

劳动部关于印发《劳动安全卫生监察员管理办法》的通知
劳部发〔1995〕260号

各省、自治区、直辖市及计划单列市劳动（劳动人事）厅（局）：

为了更好地开展劳动安全卫生监察工作，加强劳动安全卫生监察员的管理，建立一支政治觉悟高，业务能力强的劳动安全卫生监察队伍，根据《中华人民共和国劳动法》有关监督检查的规定，我部制定了《劳动安全卫生监察员管理办法》，现印发给你们，请遵照执行。

一九九五年六月二十日

第一章 总 则

第一条 为加强对各类卫生监督员管理，依据《食品卫生法（试行）》、《传染病防治法》、《药品管理法》以及《公共场所卫生管理条例》、《化妆品卫生监督条例》、《放射性同位素与射线装置放射防护条例》、《学校卫生工作条例》等法律、法规，特制定本办法。

第二条 本办法规定的各类卫生监督员是指依照上述法律、法规聘任的在法定监督范围内进行卫生监督的食品卫生监督员、传染病管理监督员、药品监督员、公共场所卫生监督员、化妆品卫生监督员、放射防护监督员、学校卫生监督员等不同类别监督员。

第三条 国家实行卫生监督员资格考试、在职培训、工作考核和任免制度。县以上各级政府卫生行政部门依法对卫生监督员进行统一管理。

第四条 各类卫生监督员由聘任机关发给全国统一的证件、证章。

第二章 资 格

第五条 卫生行政管理人员或专业技术人员必须经卫生监督员资格考试合格，方可受聘为卫生监督员。

第六条 具备下列条件者方可参加卫生监督员资格考试：

（一）具有一定的专业技术和监督管理实践经验：

1. 从事卫生防疫或药品监督管理工作，具有科员以上职务的卫生行政人员；

2. 从事卫生防疫或药检工作一年以上，具有中专以上学历的或已取得医（技）士以上资格的专业技术人员。

（二）经省辖市以上政府卫生行政部门组织实施的有关法律知识培训合格。

第七条 卫生行政管理人员或专业技术人员取得卫生监督员资格考试合格证书后，经法律、法规授权机关聘任方可成为相应专业的卫生监督员。

第三章 任 免

第八条 卫生监督员在下列机构中聘任：

（一）县以上政府卫生行政部门；

（二）国务院卫生行政部门委托的其他有关部门卫生主管机构；

（三）各级各类卫生防疫、防治和药检机构，必要时也可从乡镇（街道）一级卫生机构中聘任。

第九条　国务院卫生行政部门为完成特定的卫生监督任务可从全国聘任国家特派的卫生监督员。

第十条　为辅助卫生监督员执行监督职责，可依据法律、法规规定聘任助理监督员或检查员。

第十一条　下列情况之一不得被聘任为卫生监督员：

（一）非在职人员；

（二）专职实验室的检验人员；

（三）因健康原因不能胜任卫生监督任务的人员；

（四）省级以上政府卫生行政部门认为不宜从事担任卫生监督管理和药品监督管理工作的人员。

药品监督员的聘任，不受本条所列（一）、（二）项所限。

第十二条　各级政府卫生行政部门定期对所聘卫生监督员的业务水平、法律知识和执法情况进行考核。有下列情况之一者，可依法直接撤免或建议原聘任机关撤免：

（一）不符合有关卫生法律、法规规定聘任的人员；

（二）经资格考试、工作考核不合格的人员；

（三）不接受指定的业务培训或培训考试不合格的人员；

（四）在卫生监督和药品监督管理工作中，有违纪违法行为并受过行政处分或刑事处分的人员。

第十三条　各类卫生监督员资格考试、在职培训和工作考核规范由国务院卫生行政部门制定，省级政府卫生行政部门负责组织实施。

第十四条　离、退休或调离卫生监督岗位的卫生监督员，由原聘任机关办理解聘手续。

被撤免和解聘的卫生监督员由原聘任机关收回其卫生监督员证件、证章、帽徽、标志等，并报上级卫生行政部门备案。

第四章 职 责

第十五条 各类卫生监督员在法定范围内，根据政府卫生行政部门或相应的监督管理机构交付的任务，行使下列监督职权：

（一）依法进行预防性和经常性卫生监督管理；

（二）对药品生产企业、药品经营企业、医疗单位及经营药品的个体工商户的药品质量进行监督、检查、抽验；

（三）进行现场调查和监督记录，依法取证和索取有关资料；

（四）进行现场采样，提出检测项目；

（五）对违反卫生法律、法规的单位和个人依法进行处理；

（六）参加对有害人体健康事故、假药案和疫情的调查处理；

（七）宣传卫生法规和业务知识，指导、协助有关部门对有关人员进行卫生和药品知识培训；

（八）执行卫生行政部门、卫生监督管理机构或药品监督管理机构交付的其它监督任务。

第十六条 各类卫生监督员必须熟练掌握和运用与本职工作有关的各项国家法律、法规、规章、国家标准、技术规范和工作程序等。

第十七条 各类卫生监督员必须做到：

（一）遵纪守法，廉洁奉公，作风正派，实事求是；

（二）忠于职守，有法必依，执法必严，违法必究；

（三）风纪严谨，证件齐全，着装整齐，文明执法，恪守职业道德；

（四）遵守监督执法程序、标准、规范和制度；

（五）取证及时、完善，方法科学、手段合法；

（六）执法文书书写规范，手续完备；

（七）履行相关法律、法规规定的保密义务；

（八）不与被监督者建立经济关系，不担任被监督者的顾问或在被监督单位兼职；

（九）遇有与被监督者有直接利害关系或其他有碍公正执法情况时，应当回避。

第十八条　各类卫生监督员的职权和人身安全依法受到保护，任何人不得干涉、阻挠和侵犯。

第五章　奖　惩

第十九条　县以上政府卫生行政部门对在各类卫生防疫及药品监督执法工作中做出突出成绩的卫生监督员进行表彰或奖励。

第二十条　对违法违纪的卫生监督员，视情节轻重由有关机关追究其行政责任或刑事责任。

第六章　附　则

第二十一条　依有关法律、法规规定或受国务院卫生行政部门委托的其它有关部门卫生主管机构聘任的各类卫生监督员的管理参照本办法执行，并将聘任卫生监督员的情况报所在地的省辖市级以上政府卫生行政部门备案。

第二十二条　依法设置的助理监督员、检查员以及各地依据地方性卫生法规设置的卫生监督员的管理可参照本办法执行。

第二十三条　本办法中的"以上"含本级。

第二十四条　本办法由中华人民共和国卫生部负责解释。

第二十五条　本办法自发布之日起实施。过去颁布的有关各类卫生监督员管理的规章与本办法抵触的，以本办法为准。

学校卫生工作条例

(1990年4月25日国务院批准,1990年6月4日国家教育委员会令第10号、卫生部令第1号发布)

第一章 总 则

第一条 为加强学校卫生工作,提高学生的健康水平,制定本条例。

第二条 学校卫生工作的主要任务是:监测学生健康状况;对学生进行健康教育,培养学生良好的卫生习惯;改善学校卫生环境和教学卫生条件;加强对传染病、学生常见病的预防和治疗。

第三条 本条例所称的学校,是指普通中小学、农业中学、职业中学、中等专业学校、技工学校、普通高等学校。

第四条 教育行政部门负责学校卫生工作的行政管理。卫生行政部门负责对学校卫生工作的监督指导。

第二章 学校卫生工作要求

第五条 学校应当合理安排学生的学习时间。学生每日学习时间(包括自习),小学不超过六小时,中学不超过八小时,大学不超过十小时。

学校或者教师不得以任何理由和方式,增加授课时间和作业量,加重学生学习负担。

第六条 学校教学建筑、环境噪声、室内微小气候、采光、照明等环境质量以及黑板、课桌椅的设置应当符合国家有关标准。

新建、改建、扩建校舍,其选址、设计应当符合国家的卫生标准,并取得当地卫生行政部门的许可。竣工验收应当有当地卫生行政部门参加。

第七条 学校应当按照有关规定为学生设置厕所和洗手设施。寄宿制学校应当为学生提供相应的洗漱、洗澡等卫生设施。

学校应当为学生提供充足的符合卫生标准的饮用水。

第八条 学校应当建立卫生制度,加强对学生个人卫生、环境卫生以及教室、宿舍卫生的管理。

第九条 学校应当认真贯彻执行食品卫生法律、法规,加强饮食卫生管理,办好学生膳食,加强营养指导。

第十条 学校体育场地和器材应当符合卫生和安全要求。运动项目和运动强度应当适合学生的生理承受能力和体质健康状况,防止发生伤害事故。

第十一条 学校应当根据学生的年龄,组织学生参加适当的劳动,并对参加劳动的学生,进行安全教育,提供必要的安全和卫生防护措施。

普通中小学校组织学生参加劳动,不得让学生接触有毒有害物质或者从事不安全工种的作业,不得让学生参加夜班劳动。

普通高等学校、中等专业学校、技工学校、农业中学、职业中学组织学生参加生产劳动,接触有毒有害物质的,按照国家有关规定,提供保健待遇。学校应当定期对他们进行体格检查,加强卫生防护。

第十二条 学校在安排体育课以及劳动等体力活动时,应当注意女学生的生理特点,给予必要的照顾。

第十三条 学校应当把健康教育纳入教学计划。普通中小学必须开设健康教育课,普通高等学校、中等专业学校、技工学校、农业中学、职业中学应当开设健康教育选修课或者讲座。

学校应当开展学生健康咨询活动。

第十四条 学校应当建立学生健康管理制度。根据条件定期对学生进行体格检查,建立学生体质健康卡片,纳入学生档案。

学校对体格检查中发现学生有器质性疾病的,应当配合学生家长做好转诊治疗。

学校对残疾、体弱学生,应当加强医学照顾和心理卫生工作。

第十五条 学校应当配备可以处理一般伤病事故的医疗用品。

第十六条 学校应当积极做好近视眼、弱视、沙眼、龋齿、寄生虫、营养不良、贫血、脊柱弯曲、神经衰弱等学生常见疾病的群体预防和矫治工作。

第十七条 学校应当认真贯彻执行传染病防治法律、法规,做好急、慢性传染病的预防和控制管理工作,同时做好地方病的预防和控制管理工作。

第三章 学校卫生工作管理

第十八条 各级教育行政部门应当把学校卫生工作纳入学校工作计划,作为考评学校工作的一项内容。

第十九条 普通高等学校、中等专业学校、技工学校和规模较大的农业中学、职业中学、普通中小学,可以设立卫生管理机构,管理学校的卫生工作。

第二十条 普通高等学校设校医院或者卫生科。校医院应当设保健科(室),负责师生的卫生保健工作。

城市普通中小学、农村中心小学和普通中学设卫生室,按学生人数六百比一的比例配备专职卫生技术人员。

中等专业学校、技工学校、农业中学、职业中学,可以根据需要,配备专职卫生技术人员。

学生人数不足六百人的学校,可以配备专职或者兼职保健教师,开展学校卫生工作。

第二十一条　经本地区卫生行政部门批准,可以成立区域性中小学卫生保健机构。

区域性的中小学生卫生保健机构的主要任务是:

(一)　调查研究本地区中小学生体质健康状况;

(二)　开展中小学生常见疾病的预防与矫治;

(三)　开展中小学卫生技术人员的技术培训和业务指导。

第二十二条　学校卫生技术人员的专业技术职称考核、评定,按照卫生、教育行政部门制定的考核标准和办法,由教育行政部门组织实施。

学校卫生技术人员按照国家有关规定,享受卫生保健津贴。

第二十三条　教育行政部门应当将培养学校卫生技术人员的工作列入招生计划,并通过各种教育形式为学校卫生技术人员和保健教师提供进修机会。

第二十四条　各级教育行政部门和学校应当将学校卫生经费纳入核定的年度教育经费预算。

第二十五条　各级卫生行政部门应当组织医疗单位和专业防治机构对学生进行健康检查、传染病防治和常见病矫治,接受转诊治疗。

第二十六条　各级卫生防疫站,对学校卫生工作承担下列任务:

(一)　实施学校卫生监测,掌握本地区学生生长发育和健康状况,掌握学生常见病、传染病、地方病动态;

(二)　制定学生常见病、传染病、地方病的防治计划;

(三)　对本地区学校卫生工作进行技术指导;

(四)　开展学校卫生服务。

第二十七条　供学生使用的文具、娱乐器具、保健用品,必须符合国家有关卫生标准。

第四章　学校卫生工作监督

第二十八条　县以上卫生行政部门对学校卫生工作行使监督职权。其职责是：

（一）对新建、改建、扩建校舍的选址、设计实行卫生监督；

（二）对学校内影响学生健康的学习、生活、劳动、环境、食品等方面的卫生和传染病防治工作实行卫生监督；

（三）对学生使用的文具、娱乐器具、保健用品实行卫生监督。

国务院卫生行政部门可以委托国务院其他有关部门的卫生主管机构，在本系统内对前款所列第（一）、（二）项职责行使学校卫生监督职权。

第二十九条　行使学校卫生监督职权的机构设立学校卫生监督员，由省级以上卫生行政部门聘任并发给学校卫生监督员证书。

学校卫生监督员执行卫生行政部门或者其他有关部门卫生主管机构交付的学校卫生监督任务。

第三十条　学校卫生监督员在执行任务时应出示证件。

学校卫生监督员在进行卫生监督时，有权查阅与卫生监督有关的资料，搜集与卫生监督有关的情况，被监督的单位或者个人应当给予配合。学校卫生监督员对所掌握的资料、情况负有保密责任。

第五章　奖励与处罚

第三十一条　对在学校卫生工作中成绩显著的单位或者个人，各级教育、卫生行政部门和学校应当给予表彰、奖励。

第三十二条　违反本条例第六条第二款规定，未经卫生行政部门许可新建、改建、扩建校舍的，由卫生行政部门对直接责任单位或者个人给予警告、责令停止施工或者限期改建。

第三十三条　违反本条例第六条第一款、第七条和第十条规定的，由卫生行政部门对直接责任单位或者个人给予警告并责令限期改进。情节严重的，可以同时建议教育行政部门给予行政处分。

第三十四条　违反本条例第十一条规定，致使学生健康受到损害的，由卫生行政部门对直接责任单位或者个人给予警告，责令限期改进。

第三十五条　违反本条例第二十七条规定的，由卫生行政部门对直接责任单位或者个人给予警告。情节严重的，可以会同工商行政部门没收其不符合国家有关卫生标准的物品，并处以非法所得两倍以下的罚款。

第三十六条　拒绝或者妨碍学校卫生监督员依照本条例实施卫生监督的，由卫生行政部门对直接责任单位或者个人给予警告。情节严重的，可以建议教育行政部门给予行政处分或者处以二百元以下的罚款。

第三十七条　当事人对没收、罚款的行政处罚不服的，可以在接到处罚决定书之日起十五日内，向作出处罚决定机关的上一级机关申请复议，也可以直接向人民法院起诉。对复议决定不服的，可以在接到复议决定之日起十五日内，向人民法院起诉。对罚款决定不履行又逾期不起诉的，由作出处罚决定的机关申请人民法院强制执行。

第六章　附　则

第三十八条　学校卫生监督办法、学校卫生标准由卫生部会同国家教育委员会制定。

第三十九条　贫困县不能全部适用本条例第六条第一款和第七条规定的，可以由所在省、自治区的教育、卫生行政部门制定变通的规定。变通的规定，应当报送国家教育委员会、卫生部备案。

第四十条 本条例由国家教育委员会、卫生部负责解释。

第四十一条 本条例自发布之日起施行。原教育部、卫生部一九七九年十二月六日颁布的《中、小学卫生工作暂行规定（草案）》和一九八零年八月二十六日颁布的《高等学校卫生工作暂行规定（草案）》同时废止。

附　录

学校卫生监督工作规范

卫生部关于印发《学校卫生监督工作规范》的通知
卫监督发〔2012〕62号

各省、自治区、直辖市卫生厅局，新疆生产建设兵团卫生局，中国疾病预防控制中心、卫生部卫生监督中心：

为全面履行卫生监督工作职责，指导规范学校卫生监督工作，促进学校卫生安全，经商教育部，依据相关法律法规制定了《学校卫生监督工作规范》，现印发给你们，请结合本地实际贯彻执行。

中华人民共和国卫生部
2012年9月24日

第一章　总　则

第一条　为规范学校卫生监督工作，保障学生身心健康，依据《中华人民共和国传染病防治法》、《学校卫生工作条例》、《医疗机构管理条例》、《生活饮用水卫生监督管理办法》等法律、法规、规章及卫生监督工作职责，制定本规范。

第二条　卫生监督是卫生行政部门及其卫生监督机构依据法律、法规、规章对辖区内学校的卫生工作进行检查指导，督促改进，并对违反相关法律法规规定的单位和个人依法追究其法律责任的卫生行政执法活动。工作经费纳入公共卫生预算管理。

本规范所指的学校是指依法批准设立的普通中小学、中等职业学校和普通高等学校。

第三条 县级以上卫生行政部门实施学校卫生监督指导工作，各级卫生监督机构在同级卫生行政部门领导下承担学校卫生监督工作任务，适用本规范。

第二章 卫生监督职责

第四条 学校卫生监督职责：

（一）教学及生活环境的卫生监督；

（二）传染病防控工作的卫生监督；

（三）生活饮用水的卫生监督；

（四）学校内设医疗机构和保健室的卫生监督；

（五）学校内公共场所的卫生监督；

（六）配合相关部门对学校突发公共卫生事件应急处置工作落实情况的卫生监督；

（七）根据教育行政部门或学校申请，开展学校校舍新建、改建、扩建项目选址、设计及竣工验收的预防性卫生监督指导工作；

（八）上级卫生行政部门交办的其他学校卫生监督任务。

行使学校卫生监督工作职责时，应当根据各级各类学校卫生特点，突出中小学校教学环境、传染病防控、饮用水卫生等监督工作重点，依照法律、法规规定，认真落实本规范要求。

第五条 省级卫生行政部门职责：

（一）制订全省（区、市）学校卫生监督工作制度、规划和年度工作计划并组织实施，根据学校卫生监督综合评价情况，突出重点，确定日常监督内容和监督覆盖率、监督频次；

（二）组织实施全省（区、市）学校卫生监督工作及相关培训，对下级卫生行政部门及监督机构学校卫生监督工作进行指导、督查、稽查和年度考核评估；

（三）开展职责范围内的学校卫生日常监督；

（四）负责全省（区、市）学校卫生监督信息管理及数据汇总、核实、分析及上报卫生行政部门，并通报同级教育行政部门；

（五）组织协调、督办本省学校卫生重大违法案件的查处；

（六）根据教育行政部门或学校的申请，开展职责范围内的学校校舍新建、改建、扩建项目选址、设计及竣工验收的预防性卫生审查工作；

（七）组织协调涉及全省（区、市）学校卫生监督相关工作，承担上级卫生行政部门交办的学校卫生监督任务。

第六条 设区的市级、县级卫生行政部门职责：

（一）根据本省（区、市）学校卫生监督工作规划和年度工作计划，结合实际，制订本行政区域内学校卫生监督工作计划，明确重点监督内容并组织落实；组织开展本行政区域内学校卫生监督培训工作；

（二）组织开展本行政区域内学校的教学及生活环境、传染病防控、生活饮用水、内设医疗机构和保健室、公共场所等卫生监督；配合相关部门开展学校突发公共卫生事件应急处置工作落实情况的卫生监督；

（三）建立本行政区域内学校卫生监督档案，掌握辖区内学校的基本情况及学校卫生工作情况；

（四）组织开展本行政区域内学校卫生违法案件的查处；

（五）负责本行政区域内学校卫生工作监督信息的汇总、核实、分析及上报上级卫生行政部门，并通报同级教育行政部门；

（六）设区的市对区（县）级学校卫生监督工作进行指导、督查和年度考核评估；

（七）根据教育行政部门或学校申请，开展本行政区域学校校舍新建、改建、扩建项目选址、设计及竣工验收的预防性卫生审查工作；

（八）承担上级卫生行政部门交办的学校卫生监督任务。

第七条 省级和设区的市级卫生监督机构应当设立学校卫生监督科（处）室，承担学校卫生监督的具体工作；县级卫生监督机构应当指定科室承担学校卫生监督工作，明确专人承担学校卫生监督工作。

第八条 建立健全卫生监督协管服务工作制度，在乡镇卫生院、社区卫生服务中心配备专（兼）职人员负责有关学校卫生监督协管服务工作，协助卫生监督机构定期开展学校卫生巡查，及时发现并报告问题及隐患；指导学校设立宣传栏，协助开展健康教育及相关培训。

第三章 学校卫生监督内容和方法

第九条 教学、生活环境卫生监督内容：

（一）教室人均面积、环境噪声、室内微小气候、采光、照明等环境卫生质量情况；

（二）黑板、课桌椅等教学设施的设置情况；

（三）学生宿舍、厕所等生活设施卫生情况。

第十条 教学、生活环境卫生监督方法：

（一）测量教室人均面积；检查教室受噪声干扰情况，核实噪声符合卫生标准情况；检查教室通风状况，测定教室内温度、二氧化碳浓度等，查阅室内空气质量检测报告，核实教室微小气候符合卫生标准情况；检查教室朝向、采光方向和照明设置，测定教室采光系数、窗地比、后（侧）墙反射比、课桌面平均照度和灯桌距离，核实教室采光、照明符合卫生标准情况；

（二）检查课桌椅配置及符合卫生标准情况；检查黑板表面，测量黑板尺寸、黑板下缘与讲台地面的垂直距离、黑板反射比，核实教室黑板符合卫生标准情况；

（三）检查学生厕所、洗手设施和寄宿制学校洗漱、洗澡等设施条件是否符合卫生要求，了解学生宿舍卫生管理制度落实情况，测量学生宿舍人均居住面积。

第十一条 传染病防控工作的卫生监督内容：

（一）传染病防控制度建立及措施落实情况；

（二）学校依法履行传染病疫情报告职责情况；

（三）发生传染病后防控措施落实情况。

第十二条 传染病防控工作的卫生监督方法：

（一）查阅学校传染病防控制度及应急预案等资料；

（二）查阅传染病疫情信息登记报告制度和记录等资料；

（三）查阅学生晨检记录、因病缺勤登记、病愈返校证明、疑似传染病病例及病因排查登记、学生健康体检和教师常规体检记录、新生入学预防接种证查验及补种记录、校内公共活动区域及物品定期清洗消毒记录等资料；

（四）对发生传染病病例的学校，查阅传染病病例登记及报告记录、被污染场所消毒处理记录、使用的消毒产品卫生许可批件等相关资料，核实学校传染病控制措施落实情况。

第十三条 生活饮用水卫生监督内容：

（一）生活饮用水管理制度建立及措施落实情况；

（二）生活饮用水水质情况；

（三）学校内供水设施卫生许可、管理情况；

（四）供、管水人员持有效"健康合格证明"和"卫生培训合格证明"情况；

（五）学校索取涉水产品有效卫生许可批件情况；

（六）学校内供水水源防护情况。

第十四条 生活饮用水卫生监督方法：

（一）查阅生活饮用水卫生管理制度及水污染应急预案；

（二）查阅水质卫生检测资料，检查学校饮用水供应方式，根据实际情况，开展现场水质检测或采样送检；

（三）查阅供水设施卫生许可证，供、管水人员"健康合格证明"和"卫生培训合格证明"；

（四）查阅供水设施设备清洗消毒记录；

（五）查阅涉水产品的卫生行政许可批件；

（六）检查学校内供水水源防护设施。

第十五条 学校内设医疗机构或保健室卫生监督内容：

（一）医疗机构或保健室设置及学校卫生工作开展情况；

（二）医疗机构持有效执业许可证、医护人员持有效执业资质证书情况；

（三）医疗机构传染病疫情报告、消毒隔离、医疗废物处置情况。

第十六条 学校内设医疗机构或保健室卫生监督方法：

（一）检查医疗机构、保健室设置及功能分区，查阅中小学校卫生专业技术人员配置相关资料及卫生专业技术人员或保健教师接受学校卫生专业知识和急救知识技能培训记录以及相应的培训合格证书；

（二）查阅《医疗机构执业许可证》、医护人员执业资质证书，查阅开展学校卫生工作资料；

（三）查阅传染病疫情报告、疫情控制措施、消毒隔离等制度，检查执行情况，核实疫情报告管理部门和专职疫情报告人员及依法履行疫情报告与管理职责的情况；检查医疗废物的收集、运送、贮存、处置等环节，并查阅相关记录；查阅消毒剂的生产企业卫生许可证及消毒产品卫生许可批件复印件。

第十七条 学校内游泳场所的卫生监督内容：

（一）持有卫生许可证的情况，从业人员健康检查和培训考核情况；

（二）卫生管理制度落实及卫生管理人员配备情况；

（三）游泳场所水质净化、消毒情况；

（四）传染病和健康危害事故应急工作情况。

第十八条 学校内游泳场所卫生监督方法：

（一）查阅公共场所卫生许可证及从业人员"健康合格证明"和"卫生培训合格证明"；

（二）查阅卫生管理制度，核实设立有卫生管理部门或者配备专（兼）职卫生管理人员情况；

（三）查阅水质净化、消毒、检测记录及近期水质检测报告，根据实际情况，开展现场检测或采样送检；

（四）检查清洗、消毒、保洁、盥洗等设施设备和公共卫生间卫生状况，查阅卫生设施设备维护制度和检查记录；

（五）查阅传染病和健康危害事故应急预案或者方案。

第十九条 学校预防性卫生监督内容：

根据教育行政部门或学校申请，对新建、改建、扩建校舍的选址、设计监督指导并参与竣工验收。

第二十条 学校预防性卫生监督方法：

（一）查阅建设单位提交的相关材料，核实材料的真实性、完整性和准确性；

（二）查阅相关检测（评价）报告，核实建设项目符合卫生要求情况；

（三）指定2名以上卫生监督员进行现场审查，核实学校选址；建筑总体布局；教学环境（教室采光、照明、通风、采暖、黑板、课桌椅设置、噪声）、学生宿舍、厕所及校内游泳场所、公共浴室、医疗机构等符合相关卫生要求情况，以及核查建设单位提交材料与现场实际的吻合情况，并出具相关意见。

第四章 信息管理

第二十一条 各级卫生行政部门应加强学校卫生监督监测信息系统建设，组织分析辖区学校卫生监督监测信息，为制定学校卫生相关政策提供依据。

第二十二条 各级卫生监督机构应当设置专（兼）职人员负责辖区学校卫生监督信息采集、报告任务，通过全国卫生监督信息报告系统及时、准确上报监督检查相关信息，及时更新学校基本情况信息。

各级卫生监督机构应当定期汇总分析学校卫生监督信息，报同级卫生行政部门和上级卫生监督机构，并抄送同级疾病预防控制机构。

第五章 监督情况的处理

第二十三条 县级以上卫生行政部门实施学校卫生监督后，应当及时将检查情况反馈被检查单位，针对问题及时出具卫生监督意见书，必要时通报当地教育行政部门，督促学校落实整改措施；对存在违法行为的，应当按照相关法律、法规和规章的规定，予以查处，并将查处结果通报当地教育行政部门。

第二十四条 县级以上卫生行政部门应当及时将辖区内学校卫生重大违法案件的查处情况逐级向上级卫生行政部门报告，并通报同级教育行政部门。对涉嫌犯罪的，及时移交当地公安机关或司法机关。

第六章 附 则

第二十五条 本规范所称保健室是指未取得《医疗机构执业许可证》，在卫生专业人员指导下开展学校预防保健、健康教育、常见病和传染病预防与控制、学校卫生日常检查等工作的学校内设卫生机构。

第二十六条 本规范自发布之日起施行。

校园食品卫生安全管理制度

(本文为参考资料)

学校食品卫生安全工作关系到广大师生的安全、健康成长，关系到千家万户的幸福和社会的稳定。为切实加强学校食品安全管理，确保在校师生的饮食安全，我校制定以下管理制度：

食物中毒预防和报告制度

一、食堂必须持有卫生行政部门发放的卫生许可证、健康合格证。

二、建立严格的食品安全责任制，校长负总责，分管校长具体负责，总务处负责日常管理，层层落实责任制，并指定专人负责学校食品安全及食物中毒预防工作。

三、卫生管理规章制度及岗位责任制，相关的卫生管理条款和从业人员工作责任用餐场所公示，接受用餐者的监督。

四、建立严格的安全保卫措施。严禁非食堂工作人员随意进入学校食堂的食品加工销售操作间、食品原料存放间。食品原料存放间必须由专人负责。食堂管理人员采取切实有效措施，严防投毒事件发生，确保学生饮食的卫生与安全。

五、对学生加强食品安全教育，劝阻学生不买街头无照商贩出售的食品，不饮用来历不明的食物，发现学校食堂、食品商店出售变质、污染和三无食品，应及时向学校和卫生监督部门报告。

六、学校要制订食物中毒应急处理预案，发生食物中毒要及时起动应急机制，并实行紧急报告制度。发生食物中毒或者疑似食物中毒事故的学校应当在2小时内向所在地卫生行政主管部门报告，同时向教育行政主管部门报告。报告信息应包括发生单位、地址、时间、疑似中毒人数、可疑食物等有关内容,并做好记录。

七、不干涉食物中毒或者疑似食物中毒的报告,不隐瞒、缓报、谎报或者授意他人隐瞒、缓报、谎报。对隐瞒、缓报、谎报或者授意他人隐瞒、缓报、谎报的要依法追究责任。

八、对玩忽职守,疏于管理,造成食物中毒或其他食源性疾患的。按卫生部和教育部《学校食物中毒事故行政责任追究暂行规定的通知》对学校有关责任人员进行处理。

学校生活饮用水卫生安全管理措施

一、加强对学校生活饮用水卫生安全管理。学校要高度重视学生生活饮用水卫生安全工作,使用城乡统一的自来水。

二、认真做好学生饮用水工作。对提供学生饮用水的企业必须进行科学性的考察,签订供应合同,坚持索证,做好日常的质量监管。

三、及时清洗消毒供水设施。坚持每学期开学之前和开学期间定期进行冲洗和消毒,在夏、秋季节要及时增加清洗消毒频次,并做好冲洗消毒登记工作。

四、定期开展饮用水监督检查。在检查中发现的饮用水卫生安全隐患,必须及时落实整改措施,确保学校生活饮用水卫生安全。

学校食堂高危食品定点采购制度

一、为严格把好食品的采购关,确保食品原材料安全,根据《学校食堂与学生集体用餐卫生管理规定》特制定本制度。

二、高危食品是指大米、面粉、食用油、酒、酱油、饮料、肉、禽、皮蛋、蔬菜、海鲜、凉菜等对人的身体健康关系重大,易发食源性疾患的食品。

三、学校食堂采购高危食品,必须实行定点采购,并按国家有关规定进行索证,以保证其质量。

四、蔬菜容易残留有机磷农药，加工前应用清水漂浸两小时以上。花菜的残留农药难以清除，四季豆未烧熟容易引起中毒；螃蟹、蛏子、泥螺等海产品大肠菌容易超标，学校食堂应谨慎采购和加工。

五、冷荤凉菜容易感染细菌，引发肠道传染病，食堂不得采购和加工冷荤凉菜。

六、学校食堂要将定点采购单位（摊位）名单，报学校校长室备案，总务处签订供应合同，并预收1—2万元质量安全保证金。

七、学校要建立食堂食品定点采购责任制，加强对食品采购的管理。如发现食堂未按要求定点采购，要进行严肃的批评教育，因未定点采购而发生食源性疾患的，追究采购人员和管理人员的责任，情节严重的，依法追究法律责任。因定点采购点原因引起不安全后果的，依法追究其经济责任和法律责任。

学校食品安全定期检查制度

一、学校食品安全实行校长负责制，建立学校食品安全工作小组，设立专职或兼职的食品安全管理员。

二、学校食品安全工作小组负责学校食品卫生设施的建设和管理，对工作人员的指导和培训，管理制度的建立和执行情况的检查等具体工作。

三、学校食堂每周一小查，每月一大查，检查内容包括食堂食品卫生、饮用水卫生、学生自购食品的卫生等。周查由总务处牵头组织，月查由分管校长牵头负责。要建立食品安全检查台帐，对发现的问题，要发出整改通知书，由受检单位负责人签字限期整改，整改不到位且存在较大安全隐患的，学校应及时向当地卫生、工商等有关职能部门报告。

四、学校要加强对食品安全工作的管理，严格执行食堂的定期检查制度，并严格实行责任追究制度。

校园商品准入三项制度

一、进货验收备查制度

（一）学校食堂、食品商店必须采购新鲜、卫生的食品及食品原料，杜绝采购《食品卫生法》等规定的禁止生产经营的食品或原料。

（二）须向持有有效卫生许可证的食品生产经营单位采购食品。采购粮油、肉类、酒类、饮料、乳制品、调味品及其他定型包装食品须向供货方索取生产企业的卫生许可证和产品检验合格证或检验报告单复印件。

（三）水产品等高风险食品要实施定点采购制度。原则上不得采购卤肉类熟食制品；如需采购使用，需经彻底加热处理后出售。

（四）学校必须指定专门人员作为食品采购验收员，验收人员需对采购的所有食品、原料进行认真清点与查验；验收人员应拒收不符合卫生要求的食品和原料入库，并交由学校将其销毁处理。

（五）采购与验收人员均需在食品采购登记单上签名，认真进行登记，并将有关资料保存归档。

（六）若因食品采购把关不严而发生食品安全事故的，将严肃追究采购人员和验收人相关责任。

二、不合格食品下柜制度

（一）严把质量关，对"三无产品"、过期变质等不合格食品，主动及时下柜。

（二）对师生或群众反映大、投诉集中的重要食品，先予下柜，然后提交有关部门组织鉴定，经鉴定合格的商品可重新上柜销售，鉴定为不合格的商品立即停止销售。

（三）对已销售的不合格商品、假冒伪劣商品，及时予以追回，并将有关情况通报供应商和工商部门。

三、消费投诉处理制度

（一）严格执行国家有关商品售后服务规定，努力提高售后服

务规定，努力提高售后服务水平，保障消费者的合法权益。

（二）积极配合工商、消协处理消费者投诉。消费投诉举报电话号码12315。

（三）对消费者投诉，严格按照《消费者权益保护法》等有关法律法规的规定与消费者先行协商处理；无法处理的，及时与工商部门、消费者协会联系，妥善处理。

学校食堂与学生集体用餐卫生管理规定

中华人民共和国教育部
中华人民共和国卫生部令
第 14 号

现公布《学校食堂与学生集体用餐卫生管理规定》,自 2002 年 11 月 1 日起施行。

中华人民共和国教育部部长
中华人民共和国卫生部部长
二〇〇二年九月二十日

第一章 总 则

第一条 为防止学校食物中毒或者其他食源性疾患事故的发生,保障师生员工身体健康,根据《食品卫生法》和《学校卫生工作条例》,制定本规定。

第二条 本规定适用于各级各类全日制学校以及幼儿园。

第三条 学校食堂与学生集体用餐的卫生管理必须坚持预防为主的工作方针,实行卫生行政部门监督指导、教育行政部门管理督查、学校具体实施的工作原则。

第二章 食堂建筑、设备与环境卫生要求

第四条 食堂应当保持内外环境整洁,采取有效措施,消除老鼠、蟑螂、苍蝇和其他有害昆虫及其孳生条件。

第五条 食堂的设施设备布局应当合理,应有相对独立的食品原料存放间、食品加工操作间、食品出售场所及用餐场所。

第六条 食堂加工操作间应当符合下列要求:

（一）最小使用面积不得小于8平方米；

（二）墙壁应有1.5米以上的瓷砖或其他防水、防潮、可清洗的材料制成的墙裙；

（三）地面应由防水、防滑、无毒、易清洗的材料建造，具有一定坡度，易于清洗与排水；

（四）配备有足够的照明、通风、排烟装置和有效的防蝇、防尘、防鼠，污水排放和符合卫生要求的存放废弃物的设施和设备；

（五）制售冷荤凉菜的普通高等学校食堂必须有凉菜间，并配有专用冷藏、洗涤消毒的设施设备。

第七条 食堂应当有用耐磨损、易清洗的无毒材料制造或建成的餐饮具专用洗刷、消毒池等清洗设施设备。采用化学消毒的，必须具备2个以上的水池，并不得与清洗蔬菜、肉类等的设施设备混用。

第八条 餐饮具使用前必须洗净、消毒，符合国家有关卫生标准。未经消毒的餐饮具不得使用。禁止重复使用一次性使用的餐饮具。消毒后的餐饮具必须贮存在餐饮具专用保洁柜内备用。已消毒和未消毒的餐饮具应分开存放，并在餐饮具贮存柜上有明显标记。餐饮具保洁柜应当定期清洗、保持洁净。

第九条 餐饮具所使用的洗涤、消毒剂必须符合卫生标准或要求。洗涤、消毒剂必须有固定的存放场所（橱柜），并有明显的标记。

第十条 食堂用餐场所应设置供用餐者洗手、洗餐具的自来水装置。

第三章 食品采购、贮存及加工的卫生要求

第十一条 严格把好食品的采购关。食堂采购员必须到持有卫生许可证的经营单位采购食品，并按照国家有关规定进行索证；应相对固定食品采购的场所，以保证其质量。禁止采购以下食品：

（一）腐败变质、油脂酸败、霉变、生虫、污秽不洁、混有异

物或者其他感官性状异常，含有毒有害物质或者被有毒、有害物质污染，可能对人体健康有害的食品；

（二）未经兽医卫生检验或者检验不合格的肉类及其制品；

（三）超过保质期限或不符合食品标签规定的定型包装食品；

（四）其他不符合食品卫生标准和要求的食品。

第十二条 学校分管学生集体用餐的订购人员在订餐时，应确认生产经营者的卫生许可证上注有"送餐"或"学生营养餐"的许可项目，不得向未经许可的生产经营者订餐。学生集体用餐必须当餐加工，不得订购隔餐的剩余食品，不得订购冷荤凉菜食品。严把供餐卫生质量关，要按照订餐要求对供餐单位提供的食品进行验收。

第十三条 食品贮存应当分类、分架、隔墙、离地存放，定期检查、及时处理变质或超过保质期限的食品。食品贮存场所禁止存放有毒、有害物品及个人生活物品。用于保存食品的冷藏设备，必须贴有标志，生食品、半成品和熟食品应分柜存放。

第十四条 用于原料、半成品、成品的刀、墩、板、桶、盆、筐、抹布以及其他工具、容器必须标志明显，做到分开使用，定位存放，用后洗净，保持清洁。

第十五条 食堂炊事员必须采用新鲜洁净的原料制作食品，不得加工或使用腐败变质和感官性状异常的食品及其原料。

第十六条 加工食品必须做到熟透，需要熟制加工的大块食品，其中心温度不低于70度。加工后的熟制品应当与食品原料或半成品分开存放，半成品应当与食品原料分开存放防止交叉污染。食品不得接触有毒物、不洁物。不得向学生出售腐败变质或者感官性状异常，可能影响学生健康的食物。

第十七条 职业学校、普通中等学校、小学、特殊教育学校、幼儿园的食堂不得制售冷荤凉菜。普通高等学校食堂的凉菜间必须定时进行空气消毒；应有专人加工操作，非凉菜间工作人员不得擅自进入凉菜间；加工凉菜的工用具、容器必须专用，用前必须消

— 99 —

毒，用后必须洗净并保持清洁。每餐的各种凉菜应各取不少于250克的样品留置于冷藏设备中保存24小时以上，以备查验。

第十八条　食品在烹任后至出售前一般不超过2个小时，若超过2个小时存放的，应当在高于60℃或低于10℃的条件下存放。

第十九条　食堂剩余食品必须冷藏，冷藏时间不得超过24小时，在确认没有变质的情况下，必须经高温彻底加热后，方可继续出售。

第四章　食堂从业人员卫生要求

第二十条　食堂从业人员、管理人员必须掌握有关食品卫生的基本要求。

第二十一条　食堂从业人员每年必须进行健康检查，新参加工作和临时参加工作的食品生产经营人员都必须进行健康检查，取得健康证明后方可参加工作。凡患有痢疾、伤寒、病毒性肝炎等消化道疾病（包括病原携带者）、活动性肺结核、化脓性或者渗出性皮肤病以及其他有碍食品卫生的疾病的，不得从事接触直接入口食品的工作。食堂从业人员及集体餐分餐人员在出现咳嗽、腹泻、发热、呕吐等有碍于食品卫生的病症时，应立即脱离工作岗位，待查明病因、排除有碍食品卫生的病症或治愈后，方可重新上岗。

第二十二条　食堂从业人员应有良好的个人卫生习惯。必须做到：

（一）工作前、处理食品原料后、便后用肥皂及流动清水洗手；接触直接入口食品之前应洗手消毒；

（二）穿戴清洁的工作衣、帽，并把头发置于帽内；

（三）不得留长指甲、涂指甲油、戴戒指加工食品；（四）不得在食品加工和销售场所内吸烟。

第五章　管理与监督

第二十三条　学校应建立主管校长负责制，并配备专职或者兼职的食品卫生管理人员。

第二十四条 学校应建立健全食品卫生安全管理制度。食堂实行承包经营时，学校必须把食品卫生安全作为承包合同的重要指标。

第二十五条 学校食堂必须取得卫生行政部门发放的卫生许可证，未取得卫生许可证的学校食堂不得开办；要积极配合、主动接受当地卫生行政部门的卫生监督。

第二十六条 学校食堂应当建立卫生管理规章制度及岗位责任制度，相关的卫生管理条款应在用餐场所公示，接受用餐者的监督。食堂应建立严格的安全保卫措施，严禁非食堂工作人员随意进入学校食堂的食品加工操作间及食品原料存放间，防止投毒事件的发生，确保学生用餐的卫生与安全。

第二十七条 学校应当对学生加强饮食卫生教育，进行科学引导，劝阻学生不买街头无照（证）商贩出售的盒饭及食品，不食用来历不明的可疑食物。

第二十八条 各级教育行政部门应根据《食品卫生法》和本规定的要求，加强所辖学校的食品卫生工作的行政管理，并将食品卫生安全管理工作作为对学校督导评估的重要内容，在考核学校工作时，应将食品卫生安全工作作为重要的考核指标。

第二十九条 各级教育行政部门应制定食堂管理人员和从业人员的培训计划，并在卫生行政部门的指导下定期组织对所属学校食堂的管理人员和从业人员进行食品卫生知识、职业道德和法制教育的培训。

第三十条 各级教育行政部门及学校所属的卫生保健机构具有对学校食堂及学生集体用餐的业务指导和检查督促的职责，应定期深入学校食堂进行业务指导和检查督促。

第三十一条 各级卫生行政部门应当根据《食品卫生法》的有关规定，加强对学校食堂与学生集体用餐的卫生监督，对食堂采购、贮存、加工、销售中容易造成食物中毒或其他食源性疾患的重要环节应重点进行监督指导。加大卫生许可工作的管理和督查力度，严格执行卫生许可证的发放标准，对卫生质量不稳定和不具备卫生条件的学校食堂一律不予发证。对获得卫生许可证的学校食堂要加大监督的力度与频度。

第三十二条 学校应当建立食物中毒或者其他食源性疾患等突发事件的应急处理机制。发生食物中毒或疑似食物中毒事故后，应采取下列措施：

（一）立即停止生产经营活动，并向所在地人民政府、教育行政部门和卫生行政部门报告；

（二）协助卫生机构救治病人；

（三）保留造成食物中毒或者可能导致食物中毒的食品及其原料、工具、设备和现场；

（四）配合卫生行政部门进行调查，按卫生行政部门的要求如实提供有关材料和样品；

（五）落实卫生行政部门要求采取的其他措施，把事态控制在最小范围。

第三十三条 学校必须建立健全食物中毒或者其他食源性疾患的报告制度，发生食物中毒或疑似食物中毒事故应及时报告当地教育行政部门和卫生行政部门。当地教育行政部门应逐级报告上级教育行政部门。当地卫生行政部门应当于6小时内上报卫生部，并同时报告同级人民政府和上级卫生行政部门。

第三十四条 要建立学校食品卫生责任追究制度。对违反本规定，玩忽职守、疏于管理，造成学生食物中毒或者其他食源性疾患的学校和责任人，以及造成食物中毒或其他食源性疾患后，隐瞒实情不上报的学校和责任人，由教育行政部门按照有关规定给予通报批评或行政处分。对不符合卫生许可证发放条件而发放卫生许可证造成食物中毒或其他食源性疾患的责任人，由卫生行政部门按照有关规定给予通报批评或行政处分。对违反本规定，造成重大食物中毒事件，情节特别严重的，要依法追究相应责任人的法律责任。

第六章　附　则

第三十五条　本规定下列用语含义是：学生集体用餐：以供学生用餐为目的而配置的膳食和食品，包括学生普通餐、学生营养餐、学生课间餐（牛奶、豆奶、饮料、面点等）、学校举办各类活动时为学生提供的集体饮食等。食堂：学校自办食堂、承包食堂和高校后勤社会化后专门为学生提供就餐服务的实体食堂从业人员：食堂采购员、食堂炊事员、食堂分餐员、仓库保管员等。

第三十六条　以简单加工学生自带粮食、蔬菜或以为学生热饭为主的规模小的农村学校，其食堂建筑、设备等暂不作为实行本规定的单位对待。但是，其他方面应当符合本规定要求。

第三十七条　学生集体用餐生产经营者的监督管理，按《学生集体用餐卫生监督办法》执行。

第三十八条　本规定自2002年11月1日起实施。

城市市容和环境卫生管理条例

中华人民共和国国务院令

第 676 号

现公布《国务院关于修改和废止部分行政法规的决定》,自公布之日起施行。

总理　李克强

2017 年 3 月 1 日

(1992 年 5 月 20 日国务院第 104 次常务会议通过 1992 年 6 月 28 日国务院令第 101 号发布;根据 2011 年 1 月 8 日《国务院关于废止和修改部分行政法规的决定》第一次修正;根据 2017 年 3 月 1 日《国务院关于废止和修改部分行政法规的决定》第二次修正)

第一章　总　则

第一条　为了加强城市市容和环境卫生管理,创造清洁、优美的城市工作、生活环境,促进城市社会主义物质文明和精神文明建设,制定本条例。

第二条 在中华人民共和国城市内,一切单位和个人都必须遵守本条例。

第三条 城市市容和环境卫生工作,实行统一领导、分区负责、专业人员管理与群众管理相结合的原则。

第四条 国务院城市建设行政主管部门主管全国城市市容和环境卫生工作。

省、自治区人民政府城市建设行政主管部门负责本行政区域的城市市容和环境卫生管理工作。

城市人民政府市容环境卫生行政主管部门负责本行政区域的城市市容和环境卫生管理工作。

第五条 城市人民政府应当把城市市容和环境卫生事业纳入国民经济和社会发展计划,并组织实施。

城市人民政府应当结合本地的实际情况,积极推行环境卫生用工制度的改革,并采取措施,逐步提高环境卫生工作人员的工资福利待遇。

第六条 城市人民政府应当加强城市市容和环境卫生科学知识的宣传,提高公民的环境卫生意识,养成良好的卫生习惯。

一切单位和个人,都应当尊重市容和环境卫生工作人员的劳动,不得妨碍、阻挠市容和环境卫生工作人员履行职务。

第七条 国家鼓励城市市容和环境卫生的科学技术研究,推广先进技术,提高城市市容和环境卫生水平。

第八条 对在城市市容和环境卫生工作中成绩显著的单位和个人,由人民政府给予奖励。

第二章 城市市容管理

第九条 城市中的建筑物和设施,应当符合国家规定的城市容貌标准。对外开放城市、风景旅游城市和有条件的其他城市,可以结合本地具体情况,制定严于国家规定的城市容貌标准;建制镇可以参照国家规定的城市容貌标准执行。

第十条 一切单位和个人都应当保持建筑物的整洁、美观。在城市人民政府规定的街道的临街建筑物的阳台和窗外，不得堆放、吊挂有碍市容的物品。搭建或者封闭阳台必须符合城市人民政府市容环境卫生行政主管部门的有关规定。

第十一条 在城市中设置户外广告、标语牌、画廊、橱窗等，应当内容健康、外型美观，并定期维修、油饰或者拆除。

大型户外广告的设置必须征得城市人民政府市容环境卫生行政主管部门同意后，按照有关规定办理审批手续。

第十二条 城市中的市政公用设施，应当与周围环境相协调，并维护和保持设施完好、整洁。

第十三条 主要街道两侧的建筑物前，应当根据需要与可能，选用透景、半透景的围墙、栅栏或者绿篱、花坛（池）、草坪等作为分界。

临街树木、绿篱、花坛（池）、草坪等，应当保持整洁、美观。栽培、整修或者其他作业留下的渣土、枝叶等，管理单位、个人或者作业者应当及时清除。

第十四条 任何单位和个人都不得在街道两侧和公共场地堆放物料，搭建建筑物、构筑物或者其他设施。因建设等特殊需要，在街道两侧和公共场地临时堆放物料，搭建非永久性建筑物、构筑物或者其他设施的，必须征得城市人民政府市容环境卫生行政主管部门同意后，按照有关规定办理审批手续。

第十五条 在市区运行的交通运输工具，应当保持外型完好、整洁，货运车辆运输的液体、散装货物，应当密封、包扎、覆盖，避免泄漏、遗撒。

第十六条 城市的工程施工现场的材料、机具应当堆放整齐，渣土应当及时清运；临街工地应当设置护栏或者围布遮挡；停工场地应当及时整理并作必要的覆盖；竣工后，应当及时清理和平整场地。

第十七条 一切单位和个人,都不得在城市建筑物、设施以及树木上涂写、刻画。

单位和个人在城市建筑物、设施上张挂、张贴宣传品等,须经城市人民政府市容环境卫生行政主管部门或者其他有关部门批准。

第三章 城市环境卫生管理

第十八条 城市中的环境卫生设施,应当符合国家规定的城市环境卫生标准。

第十九条 城市人民政府在进行城市新区开发或者旧区改造时,应当依照国家有关规定,建设生活废弃物的清扫、收集、运输和处理等环境卫生设施,所需经费应当纳入建设工程概算。

第二十条 城市人民政府市容环境卫生行政主管部门,应当根据城市居住人口密度和流动人口数量以及公共场所等特定地区的需要,制定公共厕所建设规划,并按照规定的标准,建设、改造或者支持有关单位建设、改造公共厕所。

城市人民政府市容环境卫生行政主管部门,应当配备专业人员或者委托有关单位和个人负责公共厕所的保洁和管理;有关单位和个人也可以承包公共厕所的保洁和管理。公共厕所的管理者可以适当收费,具体办法由省、自治区、直辖市人民政府制定。

对不符合规定标准的公共厕所,城市人民政府应当责令有关单位限期改造。

公共厕所的粪便应当排入贮(化)粪池或者城市污水系统。

第二十一条 多层和高层建筑应当设置封闭式垃圾通道或者垃圾贮存设施,并修建清运车辆通道。

城市街道两侧、居住区或者人流密集地区,应当设置封闭式垃圾容器、果皮箱等设施。

第二十二条 一切单位和个人都不得擅自拆除环境卫生设施;因建设需要必须拆除的,建设单位必须事先提出拆迁方案,报城市人民政府市容环境卫生行政主管部门批准。

第二十三条 按国家行政建制设立的市的主要街道、广场和公共水域的环境卫生,由环境卫生专业单位负责。

居住区、街巷等地方,由街道办事处负责组织专人清扫保洁。

第二十四条 飞机场、火车站、公共汽车始末站、港口、影剧院、博物馆、展览馆、纪念馆、体育馆(场)和公园等公共场所,由本单位负责清扫保洁。

第二十五条 机关、团体、部队、企事业单位,应当按照城市人民政府市容环境卫生行政主管部门划分的卫生责任区负责清扫保洁。

第二十六条 城市集贸市场,由主管部门负责组织专人清扫保洁。

各种摊点,由从业者负责清扫保洁。

第二十七条 城市港口客货码头作业范围内的水面,由港口客货码头经营单位责成作业者清理保洁。

在市区水域行驶或者停泊的各类船舶上的垃圾、粪便,由船上负责人依照规定处理。

第二十八条 城市人民政府市容环境卫生行政主管部门对城市生活废弃物的收集、运输和处理实施监督管理。

一切单位和个人,都应当依照城市人民政府市容环境卫生行政主管部门规定的时间、地点、方式,倾倒垃圾、粪便。

对垃圾、粪便应当及时清运,并逐步做到垃圾、粪便的无害化处理和综合利用。

对城市生活废弃物应当逐步做到分类收集、运输和处理。

第二十九条 环境卫生管理应当逐步实行社会化服务。有条件的城市,可以成立环境卫生服务公司。

凡委托环境卫生专业单位清扫、收集、运输和处理废弃物的,应当交纳服务费。具体办法由省、自治区、直辖市人民政府制定。

第三十条 城市人民政府应当有计划地发展城市煤气、天然气、液化气,改变燃料结构;鼓励和支持有关部门组织净菜进城和回收利用废旧物资,减少城市垃圾。

第三十一条 医院、疗养院、屠宰场、生物制品厂产生的废弃物,必须依照有关规定处理。

第三十二条 公民应当爱护公共卫生环境,不随地吐痰、便溺,不乱扔果皮、纸屑和烟头等废弃物。

第三十三条 按国家行政建制设立的市的市区内,禁止饲养鸡、鸭、鹅、兔、羊、猪等家畜家禽;因教学、科研以及其他特殊需要饲养的除外。

第四章 罚 则

第三十四条 有下列行为之一者,城市人民政府市容环境卫生行政主管部门或者其委托的单位除责令其纠正违法行为、采取补救措施外,可以并处警告、罚款:

(一)随地吐痰、便溺,乱扔果皮、纸屑和烟头等废弃物的;

(二)在城市建筑物、设施以及树木上涂写、刻画或者未经批准张挂、张贴宣传品等的;

(三)在城市人民政府规定的街道的临街建筑物的阳台和窗外,堆放、吊挂有碍市容的物品的;

(四)不按规定的时间、地点、方式,倾倒垃圾、粪便的;

(五)不履行卫生责任区清扫保洁义务或者不按规定清运、处理垃圾和粪便的;

(六)运输液体、散装货物不作密封、包扎、覆盖,造成泄漏、遗撒的;

(七)临街工地不设置护栏或者不作遮挡、停工场地不及时整理并作必要覆盖或者竣工后不及时清理和平整场地,影响市容和环境卫生的。

第三十五条 饲养家畜家禽影响市容和环境卫生的,由城市人民政府市容环境卫生行政主管部门或者其委托的单位，责令其限期处理或者予以没收，并可处以罚款。

第三十六条　有下列行为之一者，由城市人民政府市容环境卫生行政主管部门或者其委托的单位责令其停止违法行为，限期清理、拆除或者采取其他补救措施，并可处以罚款：

（一）未经城市人民政府市容环境卫生行政主管部门同意，擅自设置大型户外广告，影响市容的；

（二）未经城市人民政府市容环境卫生行政主管部门批准，擅自在街道两侧和公共场地堆放物料，搭建建筑物、构筑物或者其他设施，影响市容的；

（三）未经批准擅自拆除环境卫生设施或者未按批准的拆迁方案进行拆迁的。

第三十七条　凡不符合城市容貌标准、环境卫生标准的建筑物或者设施，由城市人民政府市容环境卫生行政主管部门会同城市规划行政主管部门，责令有关单位和个人限期改造或者拆除；逾期未改造或者未拆除的，经县级以上人民政府批准，由城市人民政府市容环境卫生行政主管部门或者城市规划行政主管部门组织强制拆除，并可处以罚款。

第三十八条　损坏各类环境卫生设施及其附属设施的，城市人民政府市容环境卫生行政主管部门或者其委托的单位除责令其恢复原状外，可以并处罚款；盗窃、损坏各类环境卫生设施及其附属设施，应当给予治安管理处罚的，依照《中华人民共和国治安管理处罚法》的规定处罚；构成犯罪的，依法追究刑事责任。

第三十九条　侮辱、殴打市容和环境卫生工作人员或者阻挠其执行公务的，依照《中华人民共和国治安管理处罚法》的规定处罚；构成犯罪的，依法追究刑事责任。

第四十条　当事人对行政处罚决定不服的，可以自接到处罚通知之日起15日内，向作出处罚决定机关的上一级机关申请复议；对复议决定不服的，可以自接到复议决定书之日起15日内向人民法院起诉。当事人也可以自接到处罚通知之日起 15 日内直接向人民法院起诉。期满不申请复议、也不向人民法院起诉、又不履行处罚决定的,由作出处罚决定的机关申请人民法院强制执行。

对治安管理处罚不服的,依照《中华人民共和国治安管理处罚法》的规定办理。

第四十一条　城市人民政府市容环境卫生行政主管部门工作人员玩忽职守、滥用职权、徇私舞弊的,由其所在单位或者上级主管机关给予行政处分;构成犯罪的,依法追究刑事责任。

第五章　附　则

第四十二条　未设镇建制的城市型居民区可以参照本条例执行。

第四十三条　省、自治区、直辖市人民政府可以根据本条例制定实施办法。

第四十四条　本条例由国务院城市建设行政主管部门负责解释。

第四十五条　本条例自 1992 年 8 月 1 日起施行。

农村环境卫生管理制度

(本文为参考资料)

一、组织管理机制

(一) 领导机构

成立农村环境卫生整治工作领导小组，由县委书记任顾问，县长任组长，县委专职副书记任副组长，县政府分管农业工作的副县长任常务副组长，相关单位负责人为成员。领导小组办公室设在县爱卫办，由县政府办联系农业工作的副主任任办公室主任，负责全县农村环境卫生整治工作的组织、协调工作。

(二) 工作机构

将县爱卫办与县农村环境卫生整治办合署办公，实行两块牌子一套班子，并从县纪委、县委组织部、县委督查室、县政府督查室、县电视台、县爱卫办等部门抽调人员，负责全县农村环境卫生的督查考核等工作。为确保县爱卫办发挥牵头协调作用，县爱卫办主任兼任县政府办副主任，并配置两名副主任。各乡镇成立3—5人的农村环境卫生整治办，负责辖区内环境卫生整治工作。

(三) 部门职责

每个县直单位实行联系帮扶村。实行县、乡、村、组四级干联系制度，县领导包乡镇、乡镇干部包村、村干部包组、组干部包户的层层包干负责制,推行党员户"一帮十"及"十户联长制"。县直单位领导每月下乡指导不少于一次,每年组织所有联系单位召开帮扶专题会议。并将县公路局、县教育局、县卫生局等单位纳入重点考核范围。

(四)队伍建设

组建3—5人的村级保洁队伍,在保洁员聘请上优先考虑有劳动能力的低保人员及五保户,各村与保洁员签订协议,对保洁员定岗位、定路段、定责任、定标准,县、乡两级进行备案。各乡镇制定村级保洁员管理制度,保洁员每天到组签到一次,包组干部每三天到组签到一次,村支书每五天到组签到一次。实行一级一级监督。乡镇定期组织保洁员进行培训,让保洁员成为村级卫生监督员、宣传员,强化保洁员的责任意识。保洁员工资发放与日常检查考核挂钩,实行基本工资与绩效工资相结合,凡是在全县考核中低于一定分值的,或在暗访中脏乱差现象严重的,该村保洁员工资由县财政代扣不予发放。保洁员未正常上岗的处以一定罚款。年终对全县优秀保洁员进行表彰,实行奖优罚劣。

二、宣传教育机制

(一)集中宣传

制作垃圾分类及整治成效专题片,分别组织乡镇、村组干部和村民集中观看专题片。各乡镇至少安排一台巡回宣传车,下乡入村进行巡回宣传。利用乡镇赶圩日人员集中,发放宣传资料,提高农村环境卫生整治知识入户率。在各中小学校的主题班会上开展农村环境卫生知识宣传,通过学生影响、带动家长自觉养成良好的卫生生活习惯。

(二)入户宣传

印制农村环境卫生整治宣传挂图、农村生产生活垃圾分类小常识及门前三包责任书,发放到每户农户,并要求张贴在家里显眼位置。驻村干部及中小学教师利用晚上时间上门入户,指导农户进行垃圾分类，促使群众自觉参与环境卫生整治。

（三）阵地宣传

通过县政府门户网站、县电视台、永兴手机报等媒介，宣传工作成效，树立先进典型。各乡镇、村组设立农村环境卫生整治宣传栏，既宣传卫生知识，也公布每月检查考核情况。县农村环境卫生整治办编发工作简报，打造农村环境卫生整治信息共享、经验交流、成果展示的平台。

（四）活动宣传

通过开展"小手拉大手"、文明卫生户、优秀保洁员、清洁户评选抽奖、送戏下乡等活动，在全民中广泛开展爱国卫生运动宣传教育，在全县上下形成"讲卫生光荣、不讲卫生可耻"的良好氛围。全县每月召开一次现场推进会，每季度召开一次点评会，每年召开一次总结表彰大会。各乡镇每月召开不少于两次的座谈会、点评会或观摩会。各村每月定期组织村民小组长、党员及村民代表召开专题会。

三、经费筹措机制

（一）县财政保障经费

县财政每年预算安排农村环境卫生整治资金不少于2000万元。其中乡镇按照类别每季度安排以奖代投资金3—5万元；每个行政村每年安排基础设施费用2—3万元、保洁员工资1.5万元；年度被评为省、市、县级卫生村的分别奖励2万元、1万元、0.5万元。

（二）乡镇自筹经费

多方筹集资金，农村环境卫生资金专帐，用于环卫基础设施改善、对村组以奖代投和驻村干部的奖励。

（三）收取保洁卫生费

出台村规民约，根据村组实际情况，按5—10元/户·月的标准收取卫生保洁费；对红白喜事按100—200元/次收取卫生保洁费。费用由村组干部或卫生理事会上户收取，专项用于村组农村环境卫生整治。

（四）企业帮扶资金

调动辖区企业的积极性，实行企业包干帮扶村制度，每个企业每年给予所包干村组一定的环境卫生整治专项经费，该费用全部入乡镇财政账户，实行专款专用。

（五）村集体资金

有集体经济来源的村，设立专项资金用于农村环境卫生整治工作。

（六）社会捐助资金

各村通过积极主动联系村籍企业主和知名人士，捐助环境卫生整治经费并实行专款专用。

四、设施管理机制

（一）设施配备

各乡镇及村根据实际需要添置相应的环卫设施。乡镇政府所在地添置垃圾池、大垃圾桶、垃圾斗车、洒水车、垃圾清运车、环卫巡逻车等。村级配置垃圾池、垃圾桶、焚烧池、人力托运车、洋铲、铁钳、小喇叭、割草机、喷雾器等。做到户有垃圾桶和焚烧池，村有垃圾收集车或垃圾池，乡有垃圾运输车和垃圾填埋场等。

（二）设施管护

发放给农户的"一池四桶"由农户负责管理，实行谁使用、谁管理。村组公用环卫设施由各村负责管理维护，配置给保洁员的设施所有权归村委会，保洁员负责日常管护。聘请专业保洁公司的，环卫设施所有权归乡镇，在承包期间，环卫设施的管理、维护、保养、用油等由承包方负责。外包租用的，由承包方负责管理维护。

（三）责任主体

各乡镇制定环卫设施管理制度，明确环卫设施购买数量及种类，实行造记登记。确定责任人，制定对环卫设施管护不力所采取的惩罚措施。如发现农户将发放垃圾桶或焚烧池挪作他用的，以教育为主；对破坏垃圾池等环卫设施的，照价赔偿或维修好；因管理不善丢失、使用不当造成损坏的环卫设施由责任人自行购买补足。

五、垃圾清运机制

（一）户集、村收、村处理

农户严格按照厨余垃圾、其它垃圾、可回收物、有害垃圾进行分类，对不能自行处理的垃圾定点投放到不可回收垃圾池，由村委会定期安排清运车辆进行清运。或由农户自行在家把垃圾分好类，垃圾清运实行外包，由承包人员定期上门集中收集垃圾直接拖至填埋场进行处理。

（二）户集、村收、乡（镇）处理

垃圾清运实行承包制。乡镇与专业队伍合作将垃圾清运工作整体外包。或由乡镇购买垃圾清运车，支付清运人员工资，巡回定期清运各村垃圾。

（三）分类减量、就地处理

对于一些比较偏远的村组，集中处理难度大、成本高，则由各村农户自行做分类减量处理，并将有害垃圾定点存放，定期由乡镇统一负责处理有害垃圾。

（四）专业公司处理

通过建设垃圾处理系统，居民在家中对垃圾进行源头分类，分类投放到垃圾收集亭，由专人将垃圾转运至垃圾中转站，采用专业的垃圾车辆将其运送至相对应的垃圾终极处理站，并进行分类处理。

六、督查考核机制

（一）督查方式

坚持定期督查与不定期抽查相结合。考核组每月开展一次集中检查，采取抽签形式随机抽查，对各乡镇及村组卫生进行计分排名。县爱卫办平时开展不定期抽查，全面掌握农村环境卫生情况和保洁员履职情况。县领导平时随机督查，并纳入每月的考核计分。

（二）督办方式

对在定期考核与不定期抽查中，发现村级卫生较差的村组由县农村环境卫生整治办下发整改意见书。整改落实不到位的由县纪委下发督办卡。对重大问题由县委书记下发书记督办令。

（三）结果运用

推行每月一考核、一排名，每季一通报、一点评、一奖惩，考核结果作为安排资金的重要依据。每季度按照乡镇类别分别给予以奖代投资金3—5万元，对排名前三名的另奖励对等标准的以奖代投资金，排名后三名且低于85分的取消以奖代投资金。

各乡镇实行乡镇干部包村，每月在全县考核前对各村组织考核，考核成绩与驻村干部及村干部绩效工资进行挂钩，每月对排名前三名和后三名的村处以1000—2000元的奖罚。各行政村以组或自然村为单位、户为责任人，制订卫生评比标准，并推行最清洁户与欠清洁户评比。实行抓两头，促中间，每月对组及农户开展卫生评比。最清洁户评比户数约为全村户数的5—10%，最清洁户与欠清洁户的评比结果在宣传栏中公示，对最清洁户奖励洗衣粉、牙膏等日用品以资鼓励；对欠清洁户进行劝导教育，情节严重者按村规民约处以相应数量的罚款或以劳代罚。

消毒管理办法

中华人民共和国国家卫生和计划生育委员会令
第 8 号

《国家卫生计生委关于修改〈外国医师来华短期行医暂行管理办法〉等 8 件部门规章的决定》已于 2015 年 12 月 31 日经国家卫生计生委委主任会议讨论通过,现予公布,自公布之日起施行。

国家卫生和计划生育委员会主任
2016 年 1 月 19 日

第一章 总 则

第一条 为了加强消毒管理,预防和控制感染性疾病的传播,保障人体健康,根据《中华人民共和国传染病防治法》及其实施办法的有关规定,制定本办法。

第二条 本办法适用于医疗卫生机构、消毒服务机构以及从事消毒产品生产、经营活动的单位和个人。

其他需要消毒的场所和物品管理也适用于本办法。

第三条 国家卫生计生委主管全国消毒监督管理工作。

铁路、交通卫生主管机构依照本办法负责本系统的消毒监督管理工作。

第二章　消毒的卫生要求

第四条　医疗卫生机构应当建立消毒管理组织，制定消毒管理制度，执行国家有关规范、标准和规定，定期开展消毒与灭菌效果检测工作。

第五条　医疗卫生机构工作人员应当接受消毒技术培训、掌握消毒知识，并按规定严格执行消毒隔离制度。

第六条　医疗卫生机构使用的进入人体组织或无菌器官的医疗用品必须达到灭菌要求。各种注射、穿刺、采血器具应当一人一用一灭菌。凡接触皮肤、粘膜的器械和用品必须达到消毒要求。

医疗卫生机构使用的一次性使用医疗用品用后应当及时进行无害化处理。

第七条　医疗卫生机构购进消毒产品必须建立并执行进货检查验收制度。

第八条　医疗卫生机构的环境、物品应当符合国家有关规范、标准和规定。排放废弃的污水、污物应当按照国家有关规定进行无害化处理。运送传染病病人及其污染物品的车辆、工具必须随时进行消毒处理。

第九条　医疗卫生机构发生感染性疾病暴发、流行时，应当及时报告当地卫生计生行政部门，并采取有效消毒措施。

第十条　加工、出售、运输被传染病病原体污染或者来自疫区可能被传染病病原体污染的皮毛，应当进行消毒处理。

第十一条　托幼机构应当健全和执行消毒管理制度，对室内空气、餐（饮）具、毛巾、玩具和其他幼儿活动的场所及接触的物品定期进行消毒。

第十二条　出租衣物及洗涤衣物的单位和个人，应当对相关物品及场所进行消毒。

第十三条 从事致病微生物实验的单位应当执行有关的管理制度、操作规程，对实验的器材、污染物品等按规定进行消毒，防止实验室感染和致病微生物的扩散。

第十四条 殡仪馆、火葬场内与遗体接触的物品及运送遗体的车辆应当及时消毒。

第十五条 招用流动人员200人以上的用工单位，应当对流动人员集中生活起居的场所及使用的物品定期进行消毒。

第十六条 疫源地的消毒应当执行国家有关规范、标准和规定。

第十七条 公共场所、食品、生活饮用水、血液制品的消毒管理，按有关法律、法规的规定执行。

第三章 消毒产品的生产经营

第十八条 消毒产品应当符合国家有关规范、标准和规定。

第十九条 消毒产品的生产应当符合国家有关规范、标准和规定，对生产的消毒产品应当进行检验，不合格者不得出厂。

第二十条 消毒剂、消毒器械和卫生用品生产企业取得工商行政管理部门颁发的营业执照后，还应当取得所在地省级卫生计生行政部门发放的卫生许可证，方可从事消毒产品的生产。

第二十一条 省级卫生计生行政部门应当自受理消毒产品生产企业的申请之日起一个月内作出是否批准的决定。对符合《消毒产品生产企业卫生规范》要求的，发给卫生许可证；对不符合的，不予批准，并说明理由。

第二十二条 消毒产品生产企业卫生许可证编号格式为：（省、自治区、直辖市简称）卫消证字（发证年份）第XXXX号。

消毒产品生产企业卫生许可证的生产项目分为消毒剂类、消毒器械类、卫生用品类。

第二十三条　消毒产品生产企业卫生许可证有效期为四年。

消毒产品生产企业卫生许可证有效期届满三十日前，生产企业应当向原发证机关申请延续。经审查符合要求的，予以延续，换发新证。新证延用原卫生许可证编号。

第二十四条　消毒产品生产企业迁移厂址或者另设分厂（车间），应当按本办法规定向生产场所所在地的省级卫生计生行政部门申请消毒产品生产企业卫生许可证。

产品包装上标注的厂址、卫生许可证号应当是实际生产地地址和其卫生许可证号。

第二十五条　取得卫生许可证的消毒产品生产企业变更企业名称、法定代表人或者生产类别的，应当向原发证机关提出申请，经审查同意，换发新证。新证延用原卫生许可证编号。

第二十六条　生产、进口利用新材料、新工艺技术和新杀菌原理生产消毒剂和消毒器械（以下简称新消毒产品）应当按照本办法规定取得国家卫生计生委颁发的卫生许可批件。

生产、进口新消毒产品外的消毒剂、消毒器械和卫生用品中的抗（抑）菌制剂，生产、进口企业应当按照有关规定进行卫生安全评价，符合卫生标准和卫生规范要求。产品上市时要将卫生安全评价报告向省级卫生计生行政部门备案，备案应当按照规定要求提供材料。

第二十七条　生产企业申请新消毒产品卫生许可批件、在华责任单位申请进口新消毒产品卫生许可批件的，应当按照国家卫生计生委新消毒产品卫生行政许可管理规定的要求，向国家卫生计生委提出申请。国家卫生计生委应当按照有关法律法规和相关规定，作出是否批准的决定。

国家卫生计生委对批准的新消毒产品，发给卫生许可批件，批准文号格式为：卫消新准字（年份）第XXXX号。不予批准的，应当说明理由。

第二十八条　新消毒产品卫生许可批件的有效期为四年。

第二十九条　国家卫生计生委定期公告取得卫生行政许可的新消毒产品批准内容。公告发布之日起，列入公告的同类产品不再按新消毒产品进行卫生行政许可。

第三十条　经营者采购消毒产品时，应当索取下列有效证件：

（一）生产企业卫生许可证复印件；

（二）产品卫生安全评价报告或者新消毒产品卫生许可批件复印件。

有效证件的复印件应当加盖原件持有者的印章。

第三十一条　消毒产品的命名、标签（含说明书）应当符合国家卫生计生委的有关规定。

消毒产品的标签（含说明书）和宣传内容必须真实，不得出现或暗示对疾病的治疗效果。

第三十二条　禁止生产经营下列消毒产品：

（一）无生产企业卫生许可证或新消毒产品卫生许可批准文件的；

（二）产品卫生安全评价不合格或产品卫生质量不符合要求的。

第四章　消毒服务机构

第三十三条　消毒服务机构应当符合以下要求：

（一）具备符合国家有关规范、标准和规定的消毒与灭菌设备；

（二）其消毒与灭菌工艺流程和工作环境必须符合卫生要求；

（三）具有能对消毒与灭菌效果进行检测的人员和条件，建立自检制度；

（四）用环氧乙烷和电离辐射的方法进行消毒与灭菌的，其安全与环境保护等方面的要求按国家有关规定执行；

第三十四条　消毒服务机构不得购置和使用不符合本办法规定的消毒产品。

第三十五条　消毒服务机构应当接受当地卫生计生行政部门的监督。

第五章 监　督

第三十六条 县级以上卫生计生行政部门对消毒工作行使下列监督管理职权：

（一）对有关机构、场所和物品的消毒工作进行监督检查；

（二）对消毒产品生产企业执行《消毒产品生产企业卫生规范》情况进行监督检查；

（三）对消毒产品的卫生质量进行监督检查；

（四）对消毒服务机构的消毒服务质量进行监督检查；

（五）对违反本办法的行为采取行政控制措施；

（六）对违反本办法的行为给予行政处罚。

第三十七条 有下列情形之一的，国家卫生计生委可以对已获得卫生许可批件的新消毒产品进行重新审查：

（一）产品原料、杀菌原理和生产工艺受到质疑的；

（二）产品安全性、消毒效果受到质疑的。

第三十八条 新消毒产品卫生许可批件的持有者应当在接到国家卫生计生委重新审查通知之日起30日内，按照通知的有关要求提交材料。超过期限未提交有关材料的，视为放弃重新审查，国家卫生计生委可以注销产品卫生许可批件。

第三十九条 国家卫生计生委自收到重新审查所需的全部材料之日起30日内，应当作出重新审查决定。有下列情形之一的，注销产品卫生许可批件：

（一）产品原料、杀菌原理和生产工艺不符合利用新材料、新工艺技术和新杀菌原理生产消毒剂和消毒器械的判定依据的；

（二）产品安全性、消毒效果达不到要求的。

第四十条 消毒产品生产企业应当按照国家卫生标准和卫生规范要求对消毒产品理化指标、微生物指标、杀灭微生物指标、毒理学指标等进行检验。不具备检验能力的，可以委托检验。

消毒产品的检验活动应当符合国家有关规定。检验报告应当客观、真实，符合有关法律、法规、标准、规范和规定。检验报告在全国范围内有效。

第六章 罚 则

第四十一条 医疗卫生机构违反本办法第四、五、六、七、八、九条规定的，由县级以上地方卫生计生行政部门责令限期改正，可以处5000元以下罚款；造成感染性疾病暴发的，可以处5000元以上20000元以下罚款。

第四十二条 加工、出售、运输被传染病病原体污染或者来自疫区可能被传染病病原体污染的皮毛，未按国家有关规定进行消毒处理的，应当按照《传染病防治法实施办法》第六十八条的有关规定给予处罚。

第四十三条 消毒产品生产经营单位违反本办法第三十一条、第三十二条规定的，由县级以上地方卫生计生行政部门责令其限期改正，可以处5000元以下罚款；造成感染性疾病暴发的，可以处5000元以上20000元以下的罚款。

第四十四条 消毒服务机构违反本办法规定，有下列情形之一的，由县级以上卫生计生行政部门责令其限期改正，可以处5000元以下的罚款；造成感染性疾病发生的，可以处5000元以上20000元以下的罚款：

（一）消毒后的物品未达到卫生标准和要求的。

第七章 附 则

第四十五条 本办法下列用语的含义：

感染性疾病：由微生物引起的疾病。

消毒产品：包括消毒剂、消毒器械（含生物指示物、化学指示物和（灭菌物品包装物）、卫生用品和一次性使用医疗用品。

消毒服务机构：指为社会提供可能被污染的物品及场所、卫生用品和一次性使用医疗用品等进行消毒与灭菌服务的单位。

医疗卫生机构：指医疗保健、疾病控制、采供血机构及与上述机构业务活动相同的单位。

第四十六条 本办法由国家卫生计生委负责解释。

第四十七条 本办法自 2002 年 7 月 1 日起施行。1992 年 8 月 31 日国家卫生计生委发布的《消毒管理办法》同时废止。

附 录

消毒产品生产企业卫生规范（2009年版）

卫生部关于印发《消毒产品生产企业
卫生规范（2009年版）》的通知
卫监督发〔2009〕53号

各省、自治区、直辖市卫生厅局，新疆生产建设兵团卫生局，中国疾病预防控制中心、卫生部卫生监督中心：

　　为加强消毒产品监督管理，规范消毒产品生产行为，依据《传染病防治法》和《消毒管理办法》，我部组织对《消毒产品生产企业卫生规范》进行了修订。现将修订后的《消毒产品生产企业卫生规范（2009年版）》（见附件）印发给你们，请遵照执行。

二〇〇九年六月九日

第一章 总 则

　　第一条 为规范消毒产品生产企业卫生管理，保证消毒产品卫生质量和使用安全，根据《中华人民共和国传染病防治法》及《消毒管理办法》等法律法规的有关要求，制定本规范。

　　第二条 凡中华人民共和国境内从事消毒产品生产（含分装）的单位和个人应遵守本规范。

第二章 厂区环境与布局

第三条 厂区选址卫生要求:
(一) 与可能污染产品生产的有害场所的距离应不少于 30 米。
(二) 消毒产品生产企业不得建于居民楼。
(三) 厂区周围无积水、无杂草、无生活垃圾、无蚊蝇等有害医学昆虫孳生地。

第四条 厂区环境整洁。厂区非绿化的地面、路面采用混凝土、沥青及其他硬质材料铺设,便于降尘和清除积水。

第五条 厂区的行政、生活、生产和辅助区的总体布局应合理,生产区和生活区应分开。

第六条 厂区应具备生产车间、辅助用房、质检用房、物料和成品仓储用房等,且衔接合理。

第七条 厂区的生产和仓储用房应有与生产规模相适应的面积和空间。生产车间使用面积应不小于 100 平方米,其中分装企业生产车间使用面积应不小于 60 平方米;生产车间净高不低于 2.5 米。

第八条 厂区内设置的厕所应采用水冲式,厕所地面、墙壁、便槽等应采用易清洗、不易积垢材料。

第九条 动力、供暖、空调机房、给排水系统和废水、废气、废渣的处理系统等设施应不影响产品质量。

第三章 生产区卫生要求

第十条 生产区内设置的各功能间(区)应按生产工艺流程进行合理布局,工艺流程应按工序先后顺序合理衔接。人流物流分开,避免交叉。

第十一条 生产区各功能间(区)应配置有效的防尘、防虫、防鼠、通风等设施。

第十二条 消毒剂、化学(生物)指示物、抗(抑)菌制剂、隐形眼镜护理用品、卫生湿巾、湿巾的生产企业生产车间包括：配料间（区）、制作加工间（区）、分（灌）装间（区）、包装间（区）等。

分装企业生产车间至少包括：分（灌）装间（区）、包装间（区）等。

第十三条　生产区内应设更衣室，室内应配备衣柜、鞋架、流动水洗手等设施，并保持清洁卫生。

消毒剂和卫生用品生产企业更衣室内还应配备空气消毒设施和手消毒设施。洁净室（区）应设置二次更衣室。使用的消毒产品应符合国家有关规定。

第十四条　皮肤粘膜消毒剂（用于洗手的皮肤消毒剂除外）、皮肤粘膜抗（抑）菌制剂（用于洗手的抗（抑）菌制剂除外）、隐形眼镜护理用品等产品的生产区应根据各自的洁净度级别按生产工艺和产品质量要求合理布局。同一生产区内或相邻生产区间的生产操作，不得相互污染，不同洁净度级别的生产车间避免交叉污染。

洁净区的设计、建筑、维护和管理等应符合现行有关标准、规范的规定。

第十五条　物料的前处理、提取、浓缩等生产操作工序与成品生产应在不同生产车间（区）或采取隔离等其他防止污染的有效措施。

第十六条　生产区通道应保证运输和卫生安全防护需要，不得存放与生产无关物品。生产过程中的废弃物、不合格品应分别置于有明显标志的专用容器中，并及时处理。

第十七条　生产车间地面、墙面、顶面和工作台面所用材质应便于清洁。对于有特殊卫生要求的产品，其生产车间还应符合下列要求：

（一）隐形眼镜护理用品生产（包装除外）、分装应在10万级空气洁净度以上净化车间进行。

（二）皮肤粘膜消毒剂（用于洗手的皮肤消毒剂除外）、皮肤粘膜抗（抑）菌制剂（用于洗手的抗（抑）菌制剂除外）等产品配料、混料、分装工序应在30万级空气洁净度以上净化车间进行。

净化车间应符合《洁净厂房设计规范》（GB50073）的要求。

第十八条 消毒剂和卫生用品生产企业应当根据产品生产的卫生要求对生产车间环境采取消毒措施，所使用的消毒产品应符合国家有关规定。

洁净室（区）应定期进行消毒处理。采用的消毒方法对设备不得产生污染和腐蚀，对原辅料、半成品、成品及包装材料不得产生污染，对生产操作人员的健康不得产生危害。

第十九条 卫生用品生产车间的环境卫生学指标应符合《一次性使用卫生用品卫生标准》（GB15979）及其他国家有关卫生标准、规范的规定。

净化车间的洁净度指标应符合国家有关标准、规范的规定。

第四章 设备要求

第二十条 生产企业应具备适合消毒产品生产特点和工艺、满足生产需要、保证产品质量的生产设备和检验仪器设备，生产设备应符合本规范有关要求。

第二十一条 生产设备的选型、安装应符合生产和卫生要求，易于清洗、消毒，便于生产操作、维修、保养。

生物指示物应采用专用的生产设备加工、生产。

第二十二条 在生产过程中与物料、产品接触的设备表面应光洁、平整、易清洁、耐腐蚀，且不与产品发生化学反应或吸附作用。

第二十三条 制水设备、输送管道和储罐的材质应无毒、耐腐蚀。管道应避免死角、盲管。

纯化水等生产用水在制备、储存和分配过程中要防止微生物的滋生和污染。

第二十四条 使用、维护和保养设备所用的材料不应对产品和容器产生污染。

第二十五条 根据产品不同的卫生要求，对在生产过程中使用的管道、储罐和容器应定期清洗、消毒或灭菌。

第二十六条 生产和检验的设备应由专人管理，并定期维修、保养、校验，记录备查。

第二十七条 用于生产和检验的仪器、仪表、量具、衡器等，其适用范围和精密度应符合生产和检验要求，应有合格标志，计量器具根据国家规定定期检定。不合格的设备应移出生产区，未移出前应有明显标志。

第二十八条 分装企业可以根据具体情况适当调整生产设备。

第五章 物料和仓储要求

第二十九条 生产所用物料应能满足产品质量要求，符合相关质量标准和卫生行政部门的有关要求，并能提供相应的检验报告或相应的产品质量证明材料。

第三十条 消毒产品禁止使用抗生素、抗真菌药物、激素等物料。

第三十一条 生产用水的水质应符合以下要求：

隐形眼镜护理用品的生产用水应为无菌的纯化水；

灭菌剂、皮肤粘膜消毒剂和抗（抑）菌制剂的生产用水应符合纯化水要求；

其他消毒剂、卫生用品的生产用水应符合《生活饮用水卫生标准》（GB5749）的要求。

第三十二条 仓储区应保持清洁和干燥，有通风、防尘、防鼠、防虫等设施，并有堆物垫板、货物架等。其中挥发性原材料储存时还应注意避免污染其他原材料。

易燃、易爆的消毒产品及其原材料的验收、储存、保管、领用要严格执行国家有关的规定。仓储应符合防雨、防晒、防潮等要求。

通风、温度、相对湿度等的控制应满足仓储物品的存储和卫生要求。

第三十三条 仓储区内应分区、分类储物，有明显标志。

储物存放应离地、离墙存放不小于10厘米，离顶不小于50厘米。

物料和成品应当分库（区）存放，有明显标志。

待检产品、合格产品、不合格产品应分开存放，有易于识别的明显标志。

第三十四条 仓储区应有专人负责物料、成品出入库登记、验收，并记录备查。

第三十五条 菌（毒）种的验收、储存、保管、发放、使用、销毁应执行国家有关病原微生物菌（毒）种管理的规定。

第六章 卫生质量管理

第三十六条 生产企业法定代表人（负责人）或授权负责人对产品质量和本规范的实施负责。

灭菌剂、皮肤粘膜消毒剂（用于洗手的皮肤消毒剂除外）、化学（生物）指示物、隐形眼镜护理用品生产企业应设置卫生质量管理部门，负责对产品生产全过程的卫生质量管理。

其他消毒产品生产企业应设立专兼职卫生管理员，负责对产品生产全过程的卫生质量管理。

第三十七条 生产企业应建立和完善消毒产品生产的各项标准操作规程和管理制度。

管理制度包括：人员岗位责任制度、生产人员个人卫生制度、设备采购和维护制度、卫生质量检验制度、留样制度、物料采购制度、原材料和成品仓储管理制度、销售登记制度、产品投诉与处理制度、不合格产品召回及其处理制度等。

第三十八条 生产企业同一生产线生产相同工艺不同产品时,应制定生产设备和容器的操作规程、清洁消毒操作规程和清场操作规程。

第三十九条 生产企业应建立健全并如实记载生产过程的各项记录,包括物料采购验收记录、设备使用记录、批生产记录、批检验记录、留样记录等内容。

各项记录应完整,保证溯源,不得随意涂改,妥善保存至产品有效期后3个月。

第四十条 生产企业应按本规范要求建立与其生产能力、产品自检要求相适应的卫生质量检验室。根据产品特点和出厂检验项目的要求设置理化和/或微生物检验室。

微生物检验室应符合实验室设置的有关要求,并满足出厂检验项目的需要。

对有特殊要求的仪器、仪表,应安放在专门的仪器室内,其室内温度、相对湿度、静电、震动等环境因素应能满足仪器的特殊要求。

第四十一条 消毒剂、抗(抑)菌制剂有效成分含量检测需要使用气相色谱、高效液相色谱等仪器设备的,可委托通过计量认证的检验机构进行检验。

第四十二条 生产企业应根据产品特点对产品卫生质量进行自检,不同产品出厂检验项目应符合下列要求:

(一)消毒器械生产企业应对每个产品消毒作用因子强度进行检测;无特定消毒作用因子强度检测方法的消毒器械生产企业,应建立能保证该产品质量的相应技术参数、检测指标及方法,并对每个产品进行检测。

(二)化学(生物)指示物生产企业应建立能保证该产品质量的相应技术参数、检测指标及方法,并对每个投料批次产品进行检测。

(三)消毒剂、抗(抑)菌制剂生产企业应对每个投料批次产品的pH值、有效成分含量、净含量和包装密封性进行检测；无特定有效成分含量检测方法的皮肤粘膜消毒剂、灭菌剂、抗（抑）菌制剂不能进行有效成分含量检测的，应作pH值、相对密度、净含量和包装密封性指标测定。

（四）隐形眼镜护理用品生产企业应根据产品质量特点对每个投料批次生产的产品按照《隐形眼镜护理液卫生要求》（GB19192）进行理化指标、微生物污染指标和细菌、霉菌等消毒效果指标检测；无特定有效成分含量检测方法的，应对有效成分含量除外的其他理化指标进行检测。

（五）其他一次性使用卫生用品生产企业应当对每个投料批次的产品进行微生物指标和包装完整性检测，湿巾还应进行包装密封性检测，卫生湿巾还应进行有效成分含量、包装密封性检测。

生产企业有微生物检验条件的可以接受其分装企业、另设分厂（车间）的委托，对产品微生物指标进行检验。

生产企业无微生物检验条件的应委托通过计量认证的检验机构对产品微生物指标进行检验。

纸杯的批次还应符合《纸杯》（QB 2294）的规定。

第四十三条 每批产品投放市场前应按本规范的自检项目和产品企业标准出厂检验进行卫生质量检验，合格后方可出厂。企业标准中的卫生指标及其检验方法应符合国家有关卫生标准、技术规范和规定的要求。

第四十四条 有净化要求的生产企业应对净化车间进行以下项目检测：温度、相对湿度、进风口风速、室内外压差、空气中≥0.5μm和≥5μm尘埃粒子数、工作台表面、装配与包装车间空气细菌菌落总数。

有净化要求的卫生用品生产企业应对生产车间工人手表面进行细菌菌落总数和致病菌检测，并有检验报告。

其他卫生用品生产企业应对生产车间的工作台表面、生产车间空气细菌菌落总数，工人手表面细菌菌落总数和致病菌进行检测，并有检验报告。

第七章 人员要求

第四十五条 企业应配备适应生产需要的具有专业知识和相关卫生法律、法规、标准、规范知识的专职或兼职卫生管理人员、质量管理人员，并经培训合格上岗。

质量检验人员应具有检验相关中专以上文化程度以及与本职工作相适应的检验专业知识和实践经验，并经培训合格上岗。

生产操作人员上岗前应经过相关知识的培训，合格上岗。

第四十六条 直接从事消毒产品生产的操作人员，上岗前及每年必须进行一次健康体检，取得预防性健康体检合格证明后方可上岗。

患有活动性肺结核、病毒性肝炎、肠道传染病患者及病原携带者、化脓性或慢性渗出性皮肤病、手部真菌感染性疾病的工作人员，治愈前不得从事消毒产品的生产、分装或质量检验。

第四十七条 企业应建立相关卫生法律、法规、标准、规范和专业技术等知识的培训计划和考核制度。培训计划应与企业当前和预期的生产相适应。

企业应保留所有人员的教育、培训档案。

第四十八条 非洁净室（区）区域生产操作人员和未经批准的人员不得进入洁净室（区）。

第四十九条 生产人员在生产过程中应穿戴工作服，并不得有进食、吸烟等影响产品卫生质量的活动。

净化车间和卫生用品生产车间工作人员在操作前应进行洗手消毒；在生产过程中应穿戴工作服、鞋和帽，不得穿戴工作服、鞋和帽等进入非生产场所，不得戴首饰、手表以及染指甲、留长指甲等。净化车间的工作人员还应戴口罩。

第八章 附 则

第五十条 本规范下列用语的含义：

消毒产品：是指纳入卫生部《消毒产品分类目录》中的产品。

抗（抑）菌制剂：是指直接接触皮肤粘膜的、具有一定杀、抑菌作用的制剂（栓剂、皂剂除外）。抗菌制剂在使用剂量下，对检验项目规定试验菌的杀灭率≥90%（杀灭对数值≥1.0）；抑菌制剂在使用剂量下，对检验项目规定试验菌的抑菌率≥50%。

物料：包括原料、辅料、包装材料等。

洁净区：指由洁净室所组成的区域。

生产区：指由仓储库、生产车间和辅助生产车间等组成的区域。

净化车间：按控制区、洁净区严格分区设计，室内环境、用具采用无脱尘、易清洗、消毒的材料，通过物理过滤除尘、定向通风使室内微小气候达到相应洁净度的生产车间。

10万级洁净度净化车间：生产过程中室内环境应达到以下要求：温度18℃—28℃，相对湿度45%—65%，进风口风速≥0.25米/秒，室内外压差≥4.9帕，空气中≥0.5μm尘埃粒子数≤3,500,000个/立方米，≥5μm尘埃粒子数≤20,000个/立方米，空气细菌菌落总数≤500cfu/立方米，物体表面细菌菌落总数≤10cfu/皿。

30万级洁净度净化车间：生产过程中室内环境应达到以下要求：温度18℃—28℃，相对湿度45%—65%，进风口风速≥0.25米/秒，室内外压差≥4.9帕，空气中≥0.5μm尘埃粒子数≤10,500,000个/立方米，≥5μm尘埃粒子数≤60,000个/立方米，物体表面细菌菌落总数≤15cfu/皿。

生产用水：是指产品生产工艺中使用的水，包括生活饮用水、纯化水等。

纯化水：通过蒸馏法、离子交换法、反渗透法或其他适宜的方法制得的符合《中华人民共和国药典》二部中"纯化水"项下规定,且不含任何添加剂的水。

投料批:是指计划在特定的限制内有一致的特性和质量,并在同一个制造周期内根据一个制造指令生产的消毒产品或其物料的具体数量。

第五十一条 本规范由卫生部负责解释。

第五十二条 本规范自 2010 年 1 月 1 日起施行。2000 年卫生部发布的《消毒产品生产企业卫生规范》同时废止。

附件:1. 消毒产品生产企业基本生产设备清单(试行)(略)
2. 消毒剂生产企业现场监督审核表(略)
3. 有净化要求的消毒剂生产企业现场监督审核表(略)
4. 消毒器械生产企业现场监督审核表(略)
5. 卫生用品生产企业现场监督审核表(略)
6. 有净化要求的卫生用品生产企业现场监督审核表(略)

全国普法学习读本

公共卫生法律法规学习读本

特殊公共卫生法律法规

王金锋 主编

加大全民普法力度，建设社会主义法治文化，树立宪法法律至上、法律面前人人平等的法治理念。

——中国共产党第十九次全国代表大会《决胜全面建成小康社会 夺取新时代中国特色社会主义伟大胜利》

汕头大学出版社

图书在版编目（CIP）数据

特殊公共卫生法律法规 / 王金锋主编. -- 汕头：汕头大学出版社，2023.4（重印）

（公共卫生法律法规学习读本）

ISBN 978-7-5658-2942-0

Ⅰ.①特… Ⅱ.①王… Ⅲ.①公共卫生-卫生法-中国-学习参考资料 Ⅳ.①D922.164

中国版本图书馆 CIP 数据核字（2018）第 035723 号

特殊公共卫生法律法规 TESHU GONGGONG WEISHENG FALÜ FAGUI

主　　编：	王金锋
责任编辑：	邹　峰
责任技编：	黄东生
封面设计：	大华文苑
出版发行：	汕头大学出版社
	广东省汕头市大学路 243 号汕头大学校园内　邮政编码：515063
电　　话：	0754-82904613
印　　刷：	三河市元兴印务有限公司
开　　本：	690mm×960mm 1/16
印　　张：	18
字　　数：	226 千字
版　　次：	2018 年 5 月第 1 版
印　　次：	2023 年 4 月第 2 次印刷
定　　价：	59.60 元（全 2 册）

ISBN 978-7-5658-2942-0

版权所有，翻版必究

如发现印装质量问题，请与承印厂联系退换

前 言

习近平总书记指出:"推进全民守法,必须着力增强全民法治观念。要坚持把全民普法和守法作为依法治国的长期基础性工作,采取有力措施加强法制宣传教育。要坚持法治教育从娃娃抓起,把法治教育纳入国民教育体系和精神文明创建内容,由易到难、循序渐进不断增强青少年的规则意识。要健全公民和组织守法信用记录,完善守法诚信褒奖机制和违法失信行为惩戒机制,形成守法光荣、违法可耻的社会氛围,使遵法守法成为全体人民共同追求和自觉行动。"

中共中央、国务院曾经转发了中央宣传部、司法部关于在公民中开展法治宣传教育的规划,并发出通知,要求各地区各部门结合实际认真贯彻执行。通知指出,全民普法和守法是依法治国的长期基础性工作。深入开展法治宣传教育,是全面建成小康社会和新农村的重要保障。

普法规划指出:各地区各部门要根据实际需要,从不同群体的特点出发,因地制宜开展有特色的法治宣传教育坚持集中法治宣传教育与经常性法治宣传教育相结合,深化法律进机关、进乡村、进社区、进学校、进企业、进单位的"法律六进"主题活动,完善工作标准,建立长效机制。

特别是农业、农村和农民问题,始终是关系党和人民事业发展的全局性和根本性问题。党中央、国务院发布的《关于推进社会主义新农村建设的若干意见》中明确提出要"加强农村法制建设,深入开展农村普法教育,增强农民的法制观念,提高农民依法行使权利和履行义务的自觉性。"多年普法实践证明,普及法律知识,提高法制观念，增强全社会依法办事意识具有重要作用。特别是在广大农村进行普法教育，是提高全民法律素质的需要。

多年来，我国在农村实行的改革开放取得了极大成功，农村发生了翻天覆地的变化，广大农民生活水平大大得到了提高。但是，由于历史和社会等原因，现阶段我国一些地区农民文化素质还不高，不学法、不懂法、不守法现象虽然较原来有所改变，但仍有相当一部分群众的法制观念仍很淡化，不懂、不愿借助法律来保护自身权益，这就极易受到不法的侵害，或极易进行违法犯罪活动，严重阻碍了全面建成小康社会和新农村步伐。

为此，根据党和政府的指示精神以及普法规划，特别是根据广大农村农民的现状，在有关部门和专家的指导下，特别编辑了这套《全国普法学习读本》。主要包括了广大人民群众应知应懂、实际实用的法律法规。为了辅导学习，附录还收入了相应法律法规的条例准则、实施细则、解读解答、案例分析等；同时为了突出法律法规的实际实用特点，兼顾地方性和特殊性，附录还收入了部分某些地方性法律法规以及非法律法规的政策文件、管理制度、应用表格等内容，拓展了本书的知识范围，使法律法规更"接地气"，便于读者学习掌握和实际应用。

在众多法律法规中，我们通过甄别，淘汰了废止的，精选了最新的、权威的和全面的。但有部分法律法规有些条款不适应当下情况了，却没有颁布新的，我们又不能擅自改动，只得保留原有条款，但附录却有相应的补充修改意见或通知等。众多法律法规根据不同内容和受众特点，经过归类组合，优化配套。整套普法读本非常全面系统，具有很强的学习性、实用性和指导性，非常适合用于广大农村和城乡普法学习教育与实践指导。总之，是全国全民普法的良好读本。

目 录

餐饮服务食品安全监督管理办法

第一章　总　则 …………………………………………（1）
第二章　餐饮服务基本要求 ……………………………（2）
第三章　食品安全事故处理 ……………………………（6）
第四章　监督管理 ………………………………………（7）
第五章　法律责任 ………………………………………（11）
第六章　附　则 …………………………………………（14）
附　录
　　餐饮业卫生管理制度 ………………………………（15）

住宿业卫生规范

第一章　总　则 …………………………………………（22）
第二章　场所卫生要求 …………………………………（23）
第三章　卫生操作要求 …………………………………（27）
第四章　卫生管理 ………………………………………（30）
第五章　人员卫生要求 …………………………………（34）
附　录
　　推荐的住宿场所用品用具清洗消毒方法 ………（36）

美容美发场所卫生规范

第一章　总　则 …………………………………………（39）

第二章	场所卫生要求	(40)
第三章	卫生操作要求	(43)
第四章	卫生管理	(45)
第五章	人员卫生要求	(48)

附　录
　　推荐的美容美发用品用具清洗消毒方法……………(49)
　　理发店、美容店卫生标准………………………………(52)

沐浴场所卫生规范

第一章	总　则	(56)
第二章	场所卫生要求	(57)
第三章	卫生操作要求	(60)
第四章	卫生管理	(62)
第五章	人员卫生要求	(65)

附　录
　　推荐的沐浴场所用品用具更换、洗涤、消毒、保洁方法…(67)
　　推荐的沐浴场所及设施、设备、工具清洁消毒方法……(69)
　　沐浴场所卫生管理自查建议项目与内容………………(70)

游泳场所卫生规范

第一章	总　则	(72)
第二章	卫生要求	(74)
第三章	卫生操作要求	(77)
第四章	卫生管理	(79)
第五章	人员卫生要求	(82)

附　录
　　推荐的游泳场所、游泳池水清洗消毒方法……………(84)

游泳场所管理制度 …………………………………………… (88)

化妆品卫生监督条例

第一章　总　则 ………………………………………………… (93)
第二章　化妆品生产的卫生监督 ……………………………… (94)
第三章　化妆品经营的卫生监督 ……………………………… (95)
第四章　化妆品卫生监督机构与职责 ………………………… (96)
第五章　罚　则 ………………………………………………… (97)
第六章　附　则 ………………………………………………… (99)
附　录
　化妆品卫生监督条例实施细则 …………………………… (100)
　化妆品新原料申报与审评指南 …………………………… (119)

铁路车站、旅客列车卫生监督管理办法

第一章　总　则 ………………………………………………… (126)
第二章　车站卫生 ……………………………………………… (127)
第三章　旅客列车卫生 ………………………………………… (128)
第四章　客车车辆卫生 ………………………………………… (129)
第五章　站车食品卫生 ………………………………………… (130)
第六章　站车卫生监督 ………………………………………… (131)
第七章　罚　则 ………………………………………………… (132)
第八章　附　则 ………………………………………………… (133)
附　录
　车站厕所卫生管理制度 …………………………………… (135)

餐饮服务食品安全监督管理办法

中华人民共和国卫生部令

第71号

《餐饮服务食品安全监督管理办法》已于2010年2月8日经卫生部部务会议审议通过，现予以发布，自2010年5月1日起施行。

中华人民共和国卫生部部长
二〇一〇年三月四日

第一章 总 则

第一条 为加强餐饮服务监督管理，保障餐饮服务环节食品安全，根据《中华人民共和国食品安全法》（以下简称《食品安全法》）、《中华人民共和国食品安全法实施条例》（以下简称《食品安全法实施条例》），制定本办法。

第二条 在中华人民共和国境内从事餐饮服务的单位和个

人（以下简称餐饮服务提供者）应当遵守本办法。

第三条 国家食品药品监督管理局主管全国餐饮服务监督管理工作，地方各级食品药品监督管理部门负责本行政区域内的餐饮服务监督管理工作。

第四条 餐饮服务提供者应当依照法律、法规、食品安全标准及有关要求从事餐饮服务活动，对社会和公众负责，保证食品安全，接受社会监督，承担餐饮服务食品安全责任。

第五条 鼓励社会团体、基层群众性自治组织开展餐饮服务食品安全知识和相关法律、法规的普及工作，增强餐饮服务提供者食品安全意识，提高消费者自我保护能力；鼓励开展技术服务工作，促进餐饮服务提供者提高食品安全管理水平。

餐饮服务相关行业协会应当加强行业自律，引导餐饮服务提供者依法经营，推动行业诚信建设，宣传、普及餐饮服务食品安全知识。

第六条 鼓励和支持餐饮服务提供者为提高食品安全水平而采用先进技术和先进的管理规范，实施危害分析与关键控制点体系，配备先进的食品安全检测设备，对食品进行自行检查或者向具有法定资质的机构送检。

第七条 任何组织和个人均有权对餐饮服务食品安全进行社会监督，举报餐饮服务提供者违反本办法的行为，了解有关餐饮服务食品安全信息，对餐饮服务食品安全工作提出意见和建议。

第二章　餐饮服务基本要求

第八条 餐饮服务提供者必须依法取得《餐饮服务许可

证》，按照许可范围依法经营，并在就餐场所醒目位置悬挂或者摆放《餐饮服务许可证》。

第九条 餐饮服务提供者应当建立健全食品安全管理制度，配备专职或者兼职食品安全管理人员。

被吊销《餐饮服务许可证》的单位，根据《食品安全法》第九十二条的规定，其直接负责的主管人员自处罚决定作出之日起5年内不得从事餐饮服务管理工作。

餐饮服务提供者不得聘用本条前款规定的禁止从业人员从事管理工作。

第十条 餐饮服务提供者应当按照《食品安全法》第三十四条的规定，建立并执行从业人员健康管理制度，建立从业人员健康档案。餐饮服务从业人员应当依照《食品安全法》第三十四条第二款的规定每年进行健康检查，取得健康合格证明后方可参加工作。

从事直接入口食品工作的人员患有《食品安全法实施条例》第二十三条规定的有碍食品安全疾病的，应当将其调整到其他不影响食品安全的工作岗位。

第十一条 餐饮服务提供者应当依照《食品安全法》第三十二条的规定组织从业人员参加食品安全培训，学习食品安全法律、法规、标准和食品安全知识，明确食品安全责任，并建立培训档案；应当加强专（兼）职食品安全管理人员食品安全法律法规和相关食品安全管理知识的培训。

第十二条 餐饮服务提供者应当建立食品、食品原料、食品添加剂和食品相关产品的采购查验和索证索票制度。

餐饮服务提供者从食品生产单位、批发市场等采购的，应当查验、索取并留存供货者的相关许可证和产品合格证明等文件；从固定供货商或者供货基地采购的，应当查验、索取并留存供货商或者供货基地的资质证明、每笔供货清单等；从超市、农贸市场、个体经营商户等采购的，应当索取并留存采购清单。

餐饮服务企业应当建立食品、食品原料、食品添加剂和食品相关产品的采购记录制度。采购记录应当如实记录产品名称、规格、数量、生产批号、保质期、供货者名称及联系方式、进货日期等内容，或者保留载有上述信息的进货票据。

餐饮服务提供者应当按照产品品种、进货时间先后次序有序整理采购记录及相关资料，妥善保存备查。记录、票据的保存期限不得少于2年。

第十三条　实行统一配送经营方式的餐饮服务提供者，可以由企业总部统一查验供货者的许可证和产品合格的证明文件等，建立食品进货查验记录。

实行统一配送经营方式的，企业各门店应当建立总部统一配送单据台账。门店自行采购的产品，应当遵照本办法第十二条的规定。

第十四条　餐饮服务提供者禁止采购、使用和经营下列食品：

（一）《食品安全法》第二十八条规定禁止生产经营的食品；

（二）违反《食品安全法》第四十八条规定的食品；

（三）违反《食品安全法》第五十条规定的食品；

（四）违反《食品安全法》第六十六条规定的进口预包装食品。

第十五条　餐饮服务提供者应当按照国家有关规定和食品安全标准采购、保存和使用食品添加剂。应当将食品添加剂存放于专用橱柜等设施中，标示"食品添加剂"字样，妥善保管，并建立使用台账。

第十六条 餐饮服务提供者应当严格遵守国家食品药品监督管理部门制定的餐饮服务食品安全操作规范。餐饮服务应当符合下列要求：

（一）在制作加工过程中应当检查待加工的食品及食品原料，发现有腐败变质或者其他感官性状异常的，不得加工或者使用；

（二）贮存食品原料的场所、设备应当保持清洁，禁止存放有毒、有害物品及个人生活物品，应当分类、分架、隔墙、离地存放食品原料，并定期检查、处理变质或者超过保质期限的食品；

（三）应当保持食品加工经营场所的内外环境整洁，消除老鼠、蟑螂、苍蝇和其他有害昆虫及其孳生条件；

（四）应当定期维护食品加工、贮存、陈列、消毒、保洁、保温、冷藏、冷冻等设备与设施，校验计量器具，及时清理清洗，确保正常运转和使用；

（五）操作人员应当保持良好的个人卫生；

（六）需要熟制加工的食品，应当烧熟煮透；需要冷藏的熟制品，应当在冷却后及时冷藏；应当将直接入口食品与食品原料或者半成品分开存放，半成品应当与食品原料分开存放；

（七）制作凉菜应当达到专人负责、专室制作、工具专用、消毒专用和冷藏专用的要求；

（八）用于餐饮加工操作的工具、设备必须无毒无害，标志或者区分明显，并做到分开使用，定位存放，用后洗净，保持清洁；接触直接入口食品的工具、设备应当在使用前进行消毒；

（九）应当按照要求对餐具、饮具进行清洗、消毒，并在专用保洁设施内备用，不得使用未经清洗和消毒的餐具、饮具；购置、使用集中消毒企业供应的餐具、饮具，应当查验其经营资质，索取消毒合格凭证；

（十）应当保持运输食品原料的工具与设备设施的清洁，必要时应当消毒。运输保温、冷藏（冻）食品应当有必要的且与提供的食品品种、数量相适应的保温、冷藏（冻）设备设施。

第十七条　食品药品监督管理部门依法开展抽样检验时，被抽样检验的餐饮服务提供者应当配合抽样检验工作，如实提供被抽检样品的货源、数量、存货地点、存货量、销售量、相关票证等信息。

第三章　食品安全事故处理

第十八条　各级食品药品监督管理部门应当根据本级人民政府食品安全事故应急预案制定本部门的预案实施细则，按照职能做好餐饮服务食品安全事故的应急处置工作。

第十九条　食品药品监督管理部门在日常监督管理中发现食品安全事故，或者接到有关食品安全事故的举报，应当立即核实情况，经初步核实为食品安全事故的，应当立即向同级卫生行政、农业行政、工商行政管理、质量监督等相关部门通报。

发生食品安全事故时，事发地食品药品监督管理部门应当在本级人民政府领导下，及时做出反应，采取措施控制事态发展，依法处置，并及时按照有关规定向上级食品药品监督管理部门报告。

第二十条　县级以上食品药品监督管理部门按照有关规定开展餐饮服务食品安全事故调查，有权向有关餐饮服务提供者

了解与食品安全事故有关的情况,要求餐饮服务提供者提供相关资料和样品,并采取以下措施:

(一)封存造成食品安全事故或者可能导致食品安全事故的食品及其原料,并立即进行检验;

(二)封存被污染的食品工具及用具,并责令进行清洗消毒;

(三)经检验,属于被污染的食品,予以监督销毁;未被污染的食品,予以解封;

(四)依法对食品安全事故及其处理情况进行发布,并对可能产生的危害加以解释、说明。

第二十一条　餐饮服务提供者应当制定食品安全事故处置方案,定期检查各项食品安全防范措施的落实情况,及时消除食品安全事故隐患。

第二十二条　餐饮服务提供者发生食品安全事故,应当立即封存导致或者可能导致食品安全事故的食品及其原料、工具及用具、设备设施和现场,在2小时之内向所在地县级人民政府卫生部门和食品药品监督管理部门报告,并按照相关监管部门的要求采取控制措施。

餐饮服务提供者应当配合食品安全监督管理部门进行食品安全事故调查处理,按照要求提供相关资料和样品,不得拒绝。

第四章　监督管理

第二十三条　食品药品监督管理部门可以根据餐饮服务经营规模,建立并实施餐饮服务食品安全监督管理量化分级、分类管理制度。

食品药品监督管理部门可以聘请社会监督员,协助开展餐饮服务食品安全监督。

第二十四条 县级以上食品药品监督管理部门履行食品安全监督职责时，发现不属于本辖区管辖的，应当及时移送有管辖权的食品药品监督管理部门。接受移送的食品药品监督管理部门应当将被移送案件的处理情况及时反馈给移送案件的食品药品监督管理部门。

第二十五条 县级以上食品药品监督管理部门接到咨询、投诉、举报，对属于本部门管辖的，应当受理，并及时进行核实、处理、答复；对不属于本部门管辖的，应当书面通知并移交有管辖权的部门处理。

发现餐饮服务提供者使用不符合食品安全标准及有关要求的食品原料或者食用农产品、食品添加剂、食品相关产品，其成因属于其他环节食品生产经营者或者食用农产品生产者的，应当及时向本级卫生行政、农业行政、工商行政管理、质量监督等部门通报。

第二十六条 食品药品监督管理部门在履行职责时，有权采取《食品安全法》第七十七条规定的措施。

第二十七条 食品安全监督检查人员对餐饮服务提供者进行监督检查时，应当对下列内容进行重点检查：

（一）餐饮服务许可情况；

（二）从业人员健康证明、食品安全知识培训和建立档案情况；

（三）环境卫生、个人卫生、食品用工具及设备、食品容器及包装材料、卫生设施、工艺流程情况；

（四）餐饮加工制作、销售、服务过程的食品安全情况；

（五）食品、食品添加剂、食品相关产品进货查验和索票索证制度及执行情况、制定食品安全事故应急处置制度及执行情况；

（六）食品原料、半成品、成品、食品添加剂等的感官性状、产品标签、说明书及储存条件；

（七）餐具、饮具、食品用工具及盛放直接入口食品的容器的清洗、消毒和保洁情况；

（八）用水的卫生情况；

（九）其他需要重点检查的情况。

第二十八条 食品安全监督检查人员进行监督检查时，应当有2名以上人员共同参加，依法制作现场检查笔录，笔录经双方核实并签字。被监督检查者拒绝签字的，应当注明事由和相关情况，同时记录在场人员的姓名、职务等。

第二十九条 县级以上食品药品监督管理部门负责组织实施本辖区餐饮服务环节的抽样检验工作，所需经费由地方财政列支。

第三十条 食品安全监督检查人员可以使用经认定的食品安全快速检测技术进行快速检测，及时发现和筛查不符合食品安全标准及有关要求的食品、食品添加剂及食品相关产品。使用现场快速检测技术发现和筛查的结果不得直接作为执法依据。对初步筛查结果表明可能不符合食品安全标准及有关要求的食品，应当依照《食品安全法》的有关规定进行检验。

快速检测结果表明可能不符合食品安全标准及有关要求的，餐饮服务提供者应当根据实际情况采取食品安全保障措施。

第三十一条 食品安全监督检查人员抽样时必须按照抽样计划和抽样程序进行，并填写抽样记录。抽样检验应当购买产品样品，不得收取检验费和其他任何费用。

食品安全监督检查人员应当及时将样品送达有资质的检验机构。

第三十二条 食品检验机构应当根据检验目的和送检要求，按照食品安全相关标准和规定的检验方法进行检验，按时出具合法的检验报告。

第三十三条 对检验结论有异议的，异议人有权自收到检验结果告知书之日起10日内，向组织实施抽样检验的食品药品监督管理部门提出书面复检申请，逾期未提出申请的，视为放弃该项权利。

复检工作应当选择有关部门共同公布的承担复检工作的食品检验机构完成。

复检机构由复检申请人自行选择；复检机构与初检机构不得为同一机构。复检机构出具的复检结论为最终检验结论。

复检费用的承担依《食品安全法实施条例》第三十五条的规定。

第三十四条 食品药品监督管理部门应当建立辖区内餐饮服务提供者食品安全信用档案，记录许可颁发及变更情况、日常监督检查结果、违法行为查处等情况。食品药品监督管理部门应当根据餐饮服务食品安全信用档案，对有不良信用记录的餐饮服务提供者实施重点监管。

食品安全信用档案的形式和内容由省级食品药品监督管理部门根据本地实际情况作出具体规定。

第三十五条 食品药品监督管理部门应当将吊销《餐饮服务许可证》的情况在7日内通报同级工商行政管理部门。

第三十六条 县级以上食品药品监督管理部门依法公布下列日常监督管理信息：

（一）餐饮服务行政许可情况；
（二）餐饮服务食品安全监督检查和抽检的结果；
（三）查处餐饮服务提供者违法行为的情况；
（四）餐饮服务专项检查工作情况；
（五）其他餐饮服务食品安全监督管理信息。

第五章　法律责任

第三十七条　未经许可从事餐饮服务的，由食品药品监督管理部门根据《食品安全法》第八十四条的规定予以处罚。有下列情形之一的，按未取得《餐饮服务许可证》查处：

（一）擅自改变餐饮服务经营地址、许可类别、备注项目的；

（二）《餐饮服务许可证》超过有效期限仍从事餐饮服务的；

（三）使用经转让、涂改、出借、倒卖、出租的《餐饮服务许可证》，或者使用以其他形式非法取得的《餐饮服务许可证》从事餐饮服务的。

第三十八条　餐饮服务提供者有下列情形之一的，由食品药品监督管理部门根据《食品安全法》第八十五条的规定予以处罚：

（一）用非食品原料制作加工食品或者添加食品添加剂以外的化学物质和其他可能危害人体健康的物质，或者用回收食品作为原料制作加工食品；

（二）经营致病性微生物、农药残留、兽药残留、重金属、污染物质以及其他危害人体健康的物质含量超过食品安全标准限量的食品；

（三）经营营养成分不符合食品安全标准的专供婴幼儿和其他特定人群的主辅食品；

（四）经营腐败变质、油脂酸败、霉变生虫、污秽不洁、混有异物、掺假掺杂或者感官性状异常的食品；

（五）经营病死、毒死或者死因不明的禽、畜、兽、水产动物肉类及其制品；

（六）经营未经动物卫生监督机构检疫或者检疫不合格的肉类，或者未经检验或者检验不合格的肉类制品；

（七）经营超过保质期的食品；

（八）经营国家为防病等特殊需要明令禁止经营的食品；

（九）有关部门责令召回或者停止经营不符合食品安全标准的食品后，仍拒不召回或者停止经营的；

（十）餐饮服务提供者违法改变经营条件造成严重后果的。

第三十九条　餐饮服务提供者有下列情形之一的，由食品药品监督管理部门根据《食品安全法》第八十六条的规定予以处罚：

（一）经营或者使用被包装材料、容器、运输工具等污染的食品；

（二）经营或者使用无标签及其他不符合《食品安全法》、《食品安全法实施条例》有关标签、说明书规定的预包装食品、食品添加剂；

（三）经营添加药品的食品。

第四十条　违反本办法第十条第一款、第十二条、第十三条第二款、第十六条第（二）、（三）、（四）、（八）、（九）项的有关规定，按照《食品安全法》第八十七条的规定予以处罚。

第四十一条　违反本办法第二十二条第一款的规定，由食品药品监督管理部门根据《食品安全法》第八十八条的规定予以处罚。

第四十二条 违反本办法第十六条第十项的规定，由食品药品监督管理部门根据《食品安全法》第九十一条的规定予以处罚。

第四十三条 餐饮服务提供者违反本办法第九条第三款规定，由食品药品监督管理部门依据《食品安全法》第九十二条第二款进行处罚。

第四十四条 本办法所称违法所得，指违反《食品安全法》、《食品安全法实施条例》等食品安全法律法规和规章的规定，从事餐饮服务活动所取得的相关营业性收入。

第四十五条 本办法所称货值金额，指餐饮服务提供者经营的食品的市场价格总金额。其中原料及食品添加剂按进价计算，半成品按原料计算，成品按销售价格计算。

第四十六条 餐饮服务食品安全监督管理执法中，涉及《食品安全法》第八十五条、第八十六条、第八十七条适用时，"情节严重"包括但不限于下列情形：

（一）连续12个月内已受到2次以上较大数额罚款处罚或者连续12个月内已受到一次责令停业行政处罚的；

（二）造成重大社会影响或者有死亡病例等严重后果的。

第四十七条 餐饮服务提供者主动消除或者减轻违法行为危害后果，或者有其他法定情形的，应当依法从轻或者减轻处罚。

第四十八条 在同一违反《食品安全法》、《食品安全法实施条例》等食品安全法律法规的案件中，有两种以上应当给予行政处罚的违法行为时，食品药品监督管理部门应当分别裁量，合并处罚。

第四十九条 食品药品监督管理部门作出责令停业、吊销《餐饮服务许可证》、较大数额罚款等行政处罚决定之前，应当告知当事人有要求举行听证的权利。

当事人要求听证的，食品药品监督管理部门应当组织听证。

当事人对处罚决定不服的，可以申请行政复议或者提起行政诉讼。

第五十条 食品药品监督管理部门不履行有关法律法规规定的职责或者其工作人员有滥用职权、玩忽职守、徇私舞弊行为的，食品药品监督管理部门应当依法对相关负责人员或者直接责任人员给予记大过或者降级的处分；造成严重后果的，给予撤职或者开除的处分；其主要负责人应当引咎辞职。

第六章 附 则

第五十一条 省、自治区、直辖市食品药品监督管理部门可以结合本地实际情况，根据本办法的规定制定实施细则。

第五十二条 国境口岸范围内的餐饮服务活动的监督管理由出入境检验检疫机构依照《食品安全法》和《中华人民共和国国境卫生检疫法》以及相关行政法规的规定实施。

水上运营的餐饮服务提供者的食品安全管理，其始发地、经停地或者到达地的食品药品监督管理部门均有权进行检查监督。

铁路运营中餐饮服务监督管理参照本办法。

第五十三条 本办法自2010年5月1日起施行，卫生部2000年1月16日发布的《餐饮业食品卫生管理办法》同时废止。

附 录

餐饮业卫生管理制度

(本文为参考资料)

第一章 总 则

第一条 为了加强餐饮业的卫生管理,规范餐饮业卫生行为,保障消费者身体健康,根据《中华人民共和国食品卫生法》(以下简称《食品卫生法》)和《餐饮业食品卫生管理办法》等法律法规,结合本市实际,制定本办法。

第二条 市县区人民政府卫生行政部门是餐饮业卫生监督的主管部门,负责本辖区内餐饮业的卫生监督工作。

第三条 本办法适用于在本市从事餐饮业经营活动(含外卖服务)并有固定经营场所的宾馆、饭店、点心店、茶室简餐、咖啡厅、酒吧、以及单位和学校的集体食堂等。

餐饮外卖服务是指餐饮业经营者提供外卖盒饭、半成品套菜、家庭饮食等服务的经营行为。

第四条 新建、扩建、改建餐饮业场所应当符合《食品卫生法》的有关规定和要求。

第二章 卫生管理

第五条 餐饮业经营者必须先取得卫生许可证方可向工商

行政管理部门申请登记。

未取得卫生许可证的不得从事餐饮业经营活动。

第六条 餐饮业经营者必须建立健全内部卫生管理制度，配备专职或者兼职的食品卫生管理人员。

星级宾馆应当设立食品卫生质量管理机构，配有合格的管理人员。

第七条 餐饮业经营者应当根据《食品卫生法》有关规定，做好从业人员健康检查和培训工作。

第八条 造成食物中毒或有证据证明可能导致食物中毒的餐饮业经营者，必须立即停止生产经营活动，向县区卫生行政主管部门报告，协助医疗、卫生机构救治病人，保留造成食物中毒或者可能导致食物中毒的食品及其原料、工具、设备和现场，积极配合卫生行政管理部门开展食物中毒事故的调查和处理。

第三章 餐饮业经营场所卫生要求

第九条 餐饮业经营场所应当符合本省有关卫生管理办法规定的场地要求：

（一）具有与供应品种、数量相适应的冷藏、原料储存、加工、洗涤、清洗消毒、烹调、就餐等专用场地；

（二）经营干点、湿点和饭菜的，经营场所的面积应分别不小于8、20、25平方米，兼营其他品种的，其场地面积需要另行增加；

（三）经营饭菜的，主厨房（含生加工、切配、烹调场地）面积不小于8平方米。餐厅50座以上的，主厨房不小于25平方米。餐厅100座以上的，主厨房不小于50平方米；

（四）厨房（包括主厨房、凉菜间、熟食卤味专间面积之和）与餐厅面积之比不小于1∶2。咖啡厅、茶室、酒吧和其他不制作直接入口食品（如火锅、烧烤等）的，其厨房与餐厅面积之比不得小于1∶3；各功能用房及其专用设施务必标识清楚，专间专用；

（五）厨房内净高度不低于2.5米并保持良好通风；

第十条　餐饮业经营场所应当保持内外环境整洁并配备相应的更衣、盥洗、照明、通风、防蝇、防尘、防鼠、污水排放、存放垃圾和废弃物的设施。其中存放废弃物的设施要加盖密闭，并及时清理。

第四章　采购和贮存卫生要求

第十一条　餐饮业经营者采购的食品必须符合国家有关卫生标准和规定，采购食品时从原料到成品应当索证，建立完整的索证资料和进货验收记录。

第十二条　禁止采购下列食品：

（一）有毒、有害、腐败变质、油脂酸败、霉变、生虫、污秽不洁、混有异物或者其他感官性状异常的食品；

（二）无检疫、检验合格证明的肉类食品；

（三）超过保质期限及其他不符合食品标签规定的定型包装食品；

（四）无卫生许可证的食品生产经营者供应的食品。

第十三条　贮存食品的场所、设备应当保持清洁和良好通风，无霉斑、鼠迹、苍蝇、蜂螂。

食品应当分类、分架、隔墙、离地存放，并定期检查、处理变质或超过保质期限的食品。

禁止在贮存食品的场所存放有毒、有害物品及个人生活用品。

第十四条 贮存、运输、装卸食品的工具、用具应当保持清洁，运输冷冻食品应当有必要的保温设备。

第五章 餐饮加工卫生要求

第十五条 食品加工人员的卫生要求：

（一）取得健康证明和培训合格证；

（二）凡患有痢疾、伤寒、病毒性肝炎等消化道传染病（包括病原携带者）、活动性肺结核，化脓性或者渗出性皮肤病以及其他有碍食品卫生疾病的，不得从事接触直接入口食品的加工工作；

（三）工作前、处理食品原料后，或接触直接入口食品之前都应当用流动水洗手，并消毒；

（四）不留指甲、不涂指甲油、不戴戒指；

（五）不在食品加工和销售场所内吸烟；

（六）服务人员应当穿着清洁、统一的工作服，厨房操作人员应当穿戴整洁的白色工作衣帽。

第十六条 食品加工人员应当认真检查待加工食品，发现有腐败变质或其他感官性状异常的，不得加工或使用。

第十七条 各种食品原料在使用前必须洗净，蔬菜应当与肉类、水产品类分池清洗，禽蛋在使用前应当对外壳进行清洗，必要时进行消毒处理。洗净后的食品原料应上净菜架。

第十八条 用于食品原料、半成品、成品的刀、砧、板、桶、盒、筐、抹布以及其他工具、容器必须标志明显，并做到分开使用，定位存放，用后洗净，保持清洁。

第十九条 需要熟制加工的食品应当烧熟、煮透，其中心温度不低于 70℃。加工后的熟制品应当与食品原料以及半成品分开存放。

第二十条 在烹饪后至食用前有超过 2 小时存放期的食品，应当在高于 60℃ 或低于 10℃ 的条件下存放。需要冷藏的熟制品，应当经冷却后再冷藏。凡隔夜或隔餐的熟制品必须经充分再加热后方可供应食用。

第二十一条 制作水果汁、蔬菜汁和水果冷盘的，应当由专人在专间操作。所需水果、蔬菜和所接触的工具、鲜榨机应当清洗，并经有效消毒。

第二十二条 餐厅供应的熟食（冷荤、凉菜、冷菜）应在冰箱内留样 24 小时，每一品种留样量不少于 100 克。

第二十三条 加工生鱼片必须符合下列要求：

（一）用于加工的生食水产品种为鲜冻的三纹鱼、金枪鱼、狮鱼、鲷鱼等深水海鱼、鲜冻北极贝及活的象鼻蚌和活的龙虾；

（二）加工场地必须专用、固定，与其他食品加工场地的距离不小于 2 米；

（三）加工用具必须专用，固定存放，使用前必须清洗消毒；

（四）加工与供应的的间隔时间不得超过 1 小时；

（五）加工后的生食水产品应放置在食用冰中保存，并使用保鲜膜分隔。

第二十四条 食品添加剂应当按照国家卫生标准和有关规定使用。

第六章 餐饮具的卫生要求

第二十五条 餐饮具使用前必须洗净、消毒，符合国家有关卫生标准,未经消毒的餐饮具不得使用。

大中型饮食业经营场所应当设有餐具湿热消毒设施。禁止使用一次性餐饮具。

第二十六条　洗刷餐饮具必须有专用水池,不得与清洗蔬菜、肉类等其他水池混用。洗涤、消毒餐饮具所使用的洗涤剂、消毒剂必须符合食品用洗涤剂、消毒剂的卫生标准和要求。

第二十七条　消毒后的餐饮具必须贮存在专用的保洁柜内备用。已消毒和未消毒的餐饮具应分开存放,并在餐饮具保洁柜、贮存柜上有明显标记。餐具保洁柜应当定期清洗、保持洁净。

第七章　餐饮服务和外卖食品的卫生要求

第二十八条　餐厅店堂应当保持整洁。在餐具摆台后或有顾客就餐时不得清扫地面,餐具摆台超过当次就餐时间尚未使用的应当回收保洁。

第二十九条　餐厅服务人员发现或者经顾客告知所提供的食品确有感官性状异常或可疑变质时,应当立即撤换该食品,并同时告知有关备餐人员,备餐人员应当立即检查被撤换的食品和同类食品,作出相应处理,确保供餐的安全卫生。

第三十条　销售直接入口食品时,应当使用专用工具分检、传递食品。专用工具应当定位放置,货、款分开,防止污染。

第三十一条　供顾客自取的调味料,应当符合相应的食品卫生标准和要求。

第三十二条　外卖食品的包装、运输应当符合有关卫生要求,并注明制作时间和保质期限。

禁止销售和配送超过保质期限或腐败变质的食品。

住宿业卫生规范

关于印发《住宿业卫生规范》等规范的通知

卫监督发〔2007〕221号

各省、自治区、直辖市卫生厅局、商务主管部门，新疆生产建设兵团卫生局、商务局：

为了进一步加强住宿业、沐浴业和美容美发业的卫生管理，规范经营行为，提高卫生管理水平，根据《公共场所卫生管理条例》，卫生部、商务部组织制定了《住宿业卫生规范》、《沐浴场所卫生规范》和《美容美发场所卫生规范》，现印发给你们，请遵照执行。以上3个卫生规范自发布之日起施行。

卫生部、商务部
二〇〇七年六月二十五日

第一章 总 则

第一条 依据

为加强住宿场所卫生管理，规范经营行为，防止传染病传播与流行，保障人体健康，依据《中华人民共和国传染病防治法》、《公共场所卫生管理条例》、《突发公共卫生事件应急条例》、《艾滋病防治条例》、《化妆品卫生监督条例》等法律、法规，制定本规范。

第二条 适用范围

本规范适用于中华人民共和国境内一切从事经营服务的住宿场所。

第三条 用语含义

（一）住宿场所，是指向消费者提供住宿及相关综合性服务的场所，如宾馆、饭店、旅馆、旅店、招待所、度假村等。

（二）集中空调通风系统，是指为使房间或封闭空间空气温度、湿度、洁净度和气流速度等参数达到设定要求而对空气进行集中处理、输送、分配的所有设备、管道及附件、仪器仪表的总和。

（三）储藏间，是指用于存放客用棉织品、一次性用品等物品的房间。

（四）工作车，是指用于转送及暂存客用棉织品、一次性用品及清洁工具等物品的车辆。

（五）公共用品用具，是指供给顾客使用的各种用品、用具、设备和设施总称，包括床上用品、盥洗物品、饮具、清洁工具、拖鞋等。

（六）健康危害事故，是指住宿场所内发生的因空气质量、水质不符合卫生标准、用品用具或设施受到污染导致的群体性健康损害事故。

第二章 场所卫生要求

第四条 选址、设计及竣工验收

（一）住宿场所建设宜选择在环境安静，具备给排水条件和电力供应，且不受粉尘、有害气体、放射性物质和其他扩散性污染源影响的区域，并应同时符合规划、环保和消防的有关要求。

（二）新建、改建、扩建住宿场所在可行性论证阶段或设计阶段和竣工验收前应当委托具有资质的卫生技术服务机构进行卫生学评价。

第五条 场所设置与布局

（一）住宿场所主楼与辅助建筑物应有一定间距，烟尘应高空排放，场所25米范围内不得有有毒有害气体排放或噪声等污染源。

（二）住宿场所应当设置与接待能力相适应的消毒间、储藏间，并设有员工工作间、更衣和清洁间等专间。客房不带卫生间的场所，应设置公共卫生间、公共浴室、公用盥洗室等。

（三）住宿场所的吸烟区（室）不得位于行人必经的通道上，室内空气应当符合国家卫生标准和卫生要求。

（四）住宿场所的公共卫生间应当远离食品加工间。

（五）住宿场所内应放置安全套或者设置安全套发售设施，应当提供性病、艾滋病等疾病防治宣传资料。

第六条 客房

（一）客房净高不低于 2.4 米，内部结构合理，日照、采光、通风、隔声良好。

（二）客房内部装饰材料应符合国家有关标准，不得对人体有潜在危害。

（三）客房床位占室内面积每床不低于 4 平方米。

（四）含有卫生间的住宿客房应设有浴盆或淋浴、抽水马桶、洗脸盆及排风装置；无卫生间的客房，每个床位应配备有明显标记的脸盆和脚盆。

（五）客房内环境应干净、整洁，摆放的物品无灰尘，无污渍；客房空调过滤网清洁、无积尘。

第七条 清洗消毒专间

（一）住宿场所宜设立一定数量的独立清洗消毒间，清洗消毒间面积应能满足饮具、用具等清洗消毒保洁的需要。

（二）清洗消毒间地面与墙面应使用防水、防霉、可洗刷的材料，墙裙高度不得低于 1.5 米，地面坡度不小于 2%，并设有机械通风装置。

（三）饮具宜用热力法消毒。采用化学法消毒饮具的住宿场所，消毒间内至少应设有 3 个饮具专用清洗消毒池，并有相应的消毒剂配比容器。应配备已消毒饮具（茶杯、口杯、酒杯等）专用存放保洁设施，其结构应密闭并易于清洁。

（四）配有拖鞋、脸盆、脚盆的住宿场所，消毒间内应有拖鞋、脸盆、脚盆专用清洗消毒池及已消毒用具（拖鞋、脸盆、脚盆等）存放专区。

（五）各类水池应使用不锈钢或陶瓷等防渗水、不易积垢、易于清洗的材料制成，并设置标识明示用途。

第八条 储藏间

住宿场所宜设立一定数量储藏间。储藏间内应设置数量足够的物品存放柜或货架，并应有良好的通风设施及防鼠、防潮、防虫、防蟑螂等预防控制病媒生物设施。

第九条 工作车

（一）住宿场所宜配备工作车，其数量应能满足工作需要。

（二）工作车应有足够空间分别存放客用棉织品、一次性用品及清洁工具并有明显的标识。

（三）工作车所带垃圾袋应与洁净棉织品、一次性用品及洁净工具分开，清洁浴盆、脸盆、抽水马桶的工具应分开存放，标志明显。

第十条 公共浴室

公共浴室应分设男、女区域，按照设计接待人数，盥洗室每8—15人设1只淋浴喷头，淋浴室每10—25人设1只喷头。

第十一条 公共卫生间

（一）公共卫生间应男、女分设，便池应采用水冲式，地面、墙壁、便池等应采用易冲洗、防渗水材料制成。卫生间地面应略低于客房，地面坡度不小于2%，并设置防臭型地漏。卫生间排污管道应与经营场所排水管道分设，设有有效的防臭水封。

（二）公共卫生间应设有独立的机械排风装置，有适当照明，与外界相通的门窗安装严密，纱门及纱窗易于清洁，外门能自动关闭。卫生间内应设置洗手设施，位置宜在出入口附近。

（三）男卫生间应按每15—35人设大小便器各1个，女卫生间应按每10—25人设便器1个。便池宜为蹲式，配置坐式便器宜提供一次性卫生座垫。

第十二条 洗衣房

（一）住宿场所宜设专用洗衣房或采用社会化洗涤服务。洗衣房应分设工作人员出入口、待洗棉织品入口及洁净棉织品出口，并避开主要客流通道。

（二）洗衣房应依次分设棉织品分拣区、清洗干燥区、整烫折叠区、存放区、发放区。棉织品分拣、清洗、干燥、修补、熨平、分类、暂存、发放等工序应做到洁污分开，防止交叉污染。

（三）公共用品如需外洗的，应选择清洗消毒条件合格的承洗单位，作好物品送洗与接收记录，并索要承洗单位物品清洗消毒记录。

第十三条　给排水设施

住宿场所应有完善的给排水设施，供水水质符合《生活饮用水卫生标准》要求。如场所内供水管网与市政供水管网直接相通，场所内供水管网压力应小于市政供水管网压力，并有防止供水向市政供水管网倒流的设施。排水设施应当有防止废水逆流、病媒生物侵入和臭味产生的装置。

第十四条　通风设施

（一）客房、卫生间、公共用房（接待室、餐厅、门厅等）及辅助用房（厨房、洗衣房、储藏间等）应设机械通风或排风装置。机械通风或排风装置的设计和安装应能防止异味交叉传导。

（二）住宿场所的集中空调通风系统应符合《公共场所集中空调通风系统卫生管理办法》的要求。

（三）住宿场所的机械通风装置（非集中空调通风系统），其进风口、排气口应安装易清洗、耐腐蚀并可防止病媒生物侵入的防护网罩。

第十五条 采光照明

（一）住宿场所室内应尽量利用自然采光。自然采光的客房，其采光窗口面积与地面面积之比不小于1∶8。

（二）客房台面照度不低于100勒克斯。

（三）不宜将暗室作为客房。

第十六条 预防控制病媒生物设施

（一）住宿场所应设置防鼠、防蚊、防蝇、防蟑螂及防潮、防尘等设施。

（二）与外界直接相通并可开启的门窗应安装易于拆卸、清洗的防蝇门帘、纱网或设置空气风帘机。

（三）排水沟出口和排气口应设有网眼孔径小于6毫米的隔栅或网罩，防止鼠类进入。

（四）机械通风装置的送风口和回风口应当设置防鼠装置。

第十七条 废弃物存放设施

（一）住宿场所室内应设有废弃物收集容器，有条件的场所宜设置废弃物分类收集容器。

（二）废弃物收集容器应使用坚固、防水防火材料制成，内壁光滑易于清洗。废弃物收集容器应密闭加盖，防止不良气味溢散及病媒生物侵入。

（三）住宿场所宜在室外适当地点设置废弃物临时集中存放设施，其结构应密闭，防止病媒生物进入、孳生及废弃物污染环境。

第三章　卫生操作要求

第十八条 操作规程

（一）住宿场所经营者应制定公共用品用具采购、储藏、清洗消毒、设备设施维护等操作规程。操作规程应具体规定工作程序。

（二）经营者应当认真组织从业人员学习卫生操作规程，从业人员应当熟悉本岗位卫生操作规程并严格按规程操作。

第十九条 公共用品用具采购

（一）采购的物品应符合国家有关卫生标准和规定要求。采购物品应做好记录，便于溯源。

（二）采购的一次性卫生用品、消毒品、化妆品等物品中文标识应规范，并附有必要的证明文件。

（三）采购的物品入库前应进行验收，出入库时应登记。

第二十条 公共用品用具储藏

（一）公共用品用具储藏间应保持通风和清洁，无鼠害、苍蝇、蟑螂等病媒生物及霉斑，不得存放有毒有害物品及私人物品。

（二）不同物品应分类、分架存放，物品距墙壁、地面均应在10厘米以上。棉织品宜存放于储藏柜中。

（三）物品的储藏应遵循先进先出原则，并定期检查，及时清理过期物品。

（四）有毒有害物品应有专间或专柜存放，上锁、专人管理，并有物品使用登记。

第二十一条 公共用品用具清洗消毒

（一）清洗消毒间应有明显标志，环境整洁，通风换气良好，无积水积物，无杂物存放。

（二）供顾客使用的公共用品用具应严格做到一客一换一消毒。禁止重复使用一次性用品用具。

（三）清洗消毒应按规程操作，做到先清洗后消毒，使用的消毒剂应在有效期内，消毒设备（消毒柜）应运转正常。

（四）清洗饮具、盆桶、拖鞋的设施应分开，清洁工具应专用，防止交叉传染。

（五）清洗消毒后的各类用品用具应达到有关卫生标准的规定并保洁存放。清洗消毒后的茶具应当表面光洁、无油渍、无水渍、无异味，符合《食（饮）具消毒卫生标准》规定。

（六）洁净物品保洁柜应定期清洗消毒，不得存放杂物。

各类公共用品用具更换、清洗、消毒、保洁工作可参考《推荐的住宿场所用品用具清洗消毒方法》。

第二十二条　客房服务

（一）客房应做到通风换气，保证室内空气质量符合卫生标准。

（二）床上用品应做到一客一换，长住客一周至少更换一次。

（三）清洁客房、卫生间的工具应分开，面盆、浴缸、坐便器、地面、台面等清洁用抹布或清洗刷应分设。

（四）卫生间内面盆、浴缸、坐便器应每客一消毒，长住客人每日一消毒。

（五）补充杯具、食具应注意手部卫生，防止污染。

第二十三条　公共卫生间清洁

清洁坐便器（便池）的清洁工具应专用。每日应对卫生间进行一次消毒。

第二十四条　棉织品清洗消毒

（一）棉织品清洗消毒前后应分设存放容器。

（二）客用棉织品、客人送洗衣物、清洁用抹布应分类清洗。

（三）清洗程序应设有高温或化学消毒过程。

（四）棉织品经烘干后应在洁净处整烫折叠，使用专用运输工具及时运送至储藏间保存。

第二十五条 通风

（一）机械通风装置应运转正常，过滤网应定期清洗、消毒。

（二）集中空调通风系统应按照《公共场所集中空调通风系统卫生管理办法》要求进行清洗消毒。

（三）集中空调机房应整齐、清洁，无易燃易爆物品及杂物堆放。风机过滤网应清洁无积尘。

第四章　卫生管理

第二十六条 卫生管理组织

（一）住宿场所的法定代表人或负责人是其经营场所卫生安全的第一责任人，对其经营场所卫生安全负全面责任，应接受卫生行政部门组织的卫生知识培训。

（二）住宿场所应设置卫生管理部门或配备专（兼）职卫生管理员，负责其经营场所卫生管理具体工作。

（三）专（兼）职卫生管理员应有从事住宿场所卫生管理工作经验，经过公共卫生管理培训并考核合格。

第二十七条 卫生管理工作职责

住宿场所卫生管理部门的成员或卫生管理员承担本场所卫生管理职能，主要职责包括：

（一）制订从业人员卫生培训教育计划和考核办法，组织从业人员参加卫生法律、法规、规范、标准和卫生知识、岗位操作规程等的培训学习和考核。

（二）组织从业人员进行健康检查，负责提出将患有有碍公众健康的从业人员调离直接为顾客服务岗位的意见。

（三）制定卫生管理制度、卫生责任制度和卫生操作规程，并对执行情况进行督促检查。对检查中发现的不符合卫生要求的行为及时制止并提出处理意见。

（四）督促本场所经营者、从业人员严格执行《公共场所卫生管理条例》，按时办理有关卫生证件、证明，依法从事经营活动。

（五）配合卫生执法人员对本场所进行卫生监督检查，并如实提供有关情况。负责建立本场所卫生管理档案。

（六）参与保证卫生安全的其他管理工作。

第二十八条 卫生管理制度

住宿场所应建立健全卫生管理制度，并对制度落实情况进行经常性检查。主要制度有：

（一）证照管理制度。

（二）从业人员健康检查、卫生知识培训考核及个人卫生制度。

（三）公共用品用具购买、验收、储存及清洗消毒保洁制度。

（四）场所自身检查与检测制度。

（五）洗衣房卫生管理制度。

（六）集中空调通风系统卫生管理制度。

（七）健康危害事故与传染病报告制度。

（八）预防控制传染病传播应急预案与健康危害事故应急预案。

（九）卫生档案管理制度。

（十）设施设备维护保养制度。

第二十九条　证照管理

住宿场所、从业人员及健康相关产品应证照齐全。卫生许可证悬挂在场所醒目处，营业执照、从业人员健康合格证明及卫生知识培训合格证明有效，健康相关产品卫生许可批件或备案文件复印件真实完备。

第三十条　档案管理

住宿场所应建立卫生管理档案，档案应当包括以下方面：

（一）证照：卫生许可证、营业执照、从业人员健康合格证明和卫生知识培训合格证明、健康相关产品卫生许可批件或备案文件（复印件）等。

（二）卫生管理制度。

（三）卫生管理组织机构或卫生管理人员与从业人员岗位职责。

（四）发生传染病传播或健康危害事故后的处理情况。

（五）卫生操作规程。

（六）公共用品用具采购、验收、出入库、储存记录。

（七）公共用品用具清洗、消毒、检测记录。

（八）设备设施维护与卫生检查记录。

（九）空气质量、集中空调通风系统检测记录。

（十）投诉与投诉处理记录。

（十一）有关记录：包括场所自身检查与检测记录，培训考核记录，从业人员因患有有碍公众健康疾病调离直接为顾客服务岗位记录，集中空调通风系统清洗消毒记录等。

（十二）有关证明：包括预防性建筑设计审核文件，集中空调通风系统竣工图纸，消毒设施设置情况等。

各项档案中应有相关人员的工作记录并签名，档案应有专人管理，各类档案记录应进行分类并有目录。有关记录至少应保存三年。

第三十一条 传染病和健康危害事故报告

（一）住宿场所应建立传染病和健康危害事故报告制度，场所负责人和卫生管理员为责任报告人。

（二）当发生死亡或同时发生3名以上（含3名）受害病人时，责任报告人要在发生事故24小时内电话报告当地卫生行政部门。

（三）传染病和健康危害事故报告范围：

1. 室内空气不符合卫生标准所致的虚脱休克；
2. 饮用水遭受污染所致的介水传染性疾病流行；
3. 公共用品用具和卫生设施等遭受污染所致的传染性疾病、皮肤病；
4. 意外事故导致的一氧化碳、氨气、氯气、消毒剂、杀虫剂等中毒。

（四）发生传染病或健康危害事故时，场所经营者应立即停止相应经营活动，协助医务人员救治事故受害者，采取预防控制措施，防止事故的继发。

（五）任何单位和个人不得隐瞒、缓报、谎报传染病 健康危害事故。

第三十二条 环境卫生管理

（一）室外公共区域应保持干净整洁。

（二）室内公共区域地面、墙面、门窗、桌椅、地毯、台面、镜面等应保持清洁、无异味。

（三）废弃物应每天清除一次，废弃物收集容器应及时清洗，必要时进行消毒。

（四）洗衣房的洁净区与污染区应分开，室内物品摆放整齐，设施设备日常保养及运行状态良好。

（五）定期进行病媒生物防治，蟑螂密度、鼠密度应符合卫生要求。

（六）委托具有相应资质的卫生技术服务机构对室内空气、用品用具等定期进行检测。

第三十三条 食品经营项目

住宿场所设有食品经营项目的，应符合《中华人民共和国食品卫生法》的有关要求。

第五章 人员卫生要求

第三十四条 健康管理

（一）住宿场所从业人员上岗前应当取得"健康合格证明"。直接为顾客服务的从业人员应每年进行健康检查，取得"健康合格证明"后方可继续从事直接为顾客服务的工作。"健康合格证明"不得涂改、伪造、转让、倒卖。

（二）从业人员患有有碍公众健康疾病，治愈之前不得从事直接为顾客服务的工作。可疑传染病患者须立即停止工作并及时进行健康检查，明确诊断。

第三十五条 卫生知识培训

（一）从业人员应当完成规定学时的卫生知识培训，掌握有关卫生法律法规、基本卫生知识和卫生操作技能等。

（二）从业人员卫生知识培训每两年进行一次。

(三) 从业人员取得卫生知识培训合格证明后方可上岗。

第三十六条　个人卫生

(一) 从业人员应保持良好的个人卫生,进行卫生操作时应穿戴清洁的工作服,不得留长指甲、涂指甲油及佩带饰物。

(二) 从业人员应有两套以上工作服。工作服应定期清洗,保持清洁。

附 录

推荐的住宿场所用品用具清洗消毒方法

一、清洗方法及步骤

（一）去除公共用品用具表面的残渣、污垢。

（二）用含洗涤剂溶液洗净公共用品用具表面。

（三）用清水冲去残留的洗涤剂。

二、消毒方法

（一）物理消毒。包括蒸汽、煮沸、红外线等热力消毒方法。

1. 煮沸、蒸汽消毒：100℃作用20—30分钟以上。可用于饮具、盆、毛巾、床上用棉织品的消毒。

2. 红外线消毒：125℃作用15分钟以上。可用于饮具、盆的消毒。

（二）化学消毒。用含氯、溴或过氧乙酸的消毒药物消毒。

1. 用含有效溴或有效氯含量为250毫克/升的消毒溶液浸泡30分钟，可用于盆、饮具的消毒或用于物品表面喷洒、涂擦消毒。

2. 用0.2%—0.5%过氧乙酸溶液，或有效溴或有效氯含量为1000毫克/升的消毒液中，浸泡30分钟，可用于拖鞋消毒。

化学消毒后的公共用品用具应用净水冲去表面的消毒剂。

三、保洁方法

（一）消毒后的公共用品用具要自然滤干或烘干，不应使用毛巾擦干，以避免受到再次污染。

（二）消毒后的饮具应及时放入餐具保洁柜内。

四、化学消毒注意事项

（一）使用的消毒剂应在保质期限内，并按规定的温度等条件贮存。

（二）严格按规定浓度进行配制，固体消毒剂应充分溶解。

（三）配好的消毒液定时更换，一般每4小时更换一次。

（四）使用时定时测量消毒液浓度，浓度低于要求立即更换。

（五）保证消毒时间，一般公共用品用具消毒应作用15分钟以上。

（六）应使消毒物品完全浸没于消毒液中。

（七）用品用具消毒前应洗净，避免油垢影响消毒效果。

（八）消毒后以洁净水将消毒液冲洗干净。

美容美发场所卫生规范

关于印发《住宿业卫生规范》等规范的通知

卫监督发〔2007〕221号

各省、自治区、直辖市卫生厅局、商务主管部门，新疆生产建设兵团卫生局、商务局：

为了进一步加强住宿业、沐浴业和美容美发业的卫生管理，规范经营行为，提高卫生管理水平，根据《公共场所卫生管理条例》，卫生部、商务部组织制定了《住宿业卫生规范》、《沐浴场所卫生规范》和《美容美发场所卫生规范》，现印发给你们，请遵照执行。以上3个卫生规范自发布之日起施行。

卫生部、商务部

二〇〇七年六月二十五日

第一章 总 则

第一条 依据

为加强美容美发场所卫生管理,规范经营行为,防止传染病传播与流行,保障人体健康,依据《中华人民共和国传染病防治法》、《公共场所卫生管理条例》、《突发公共卫生事件应急条例》、《化妆品卫生监督条例》等法律、法规,制定本规范。

第二条 适用范围

本规范适用于中华人民共和国境内一切从事经营服务的美容美发场所,但不包括开展医疗美容项目的场所和无固定服务场所的流动摊点。

第三条 用语含义

(一)美容场所,是指根据宾客的脸型、皮肤特点和要求,运用手法技术、器械设备并借助化妆、美容护肤等产品,为其提供非创伤性和非侵入性的皮肤清洁、护理、保养、修饰等服务的场所,包括等候、洗净、美容等区域和专间。

(二)美发场所,是指根据宾客的头型、脸型、发质和要求,运用手法技艺、器械设备并借助洗发、护发、染发、烫发等产品,为其提供发型设计、修剪造型、发质养护和烫染等服务的场所,包括等候、洗发、理发、烫染等区域和专间。

(三)公共用品用具,是指美容美发场所和美容美发操作过程中使用的,与顾客密切接触的物品。美容用品用具包括美容棉(纸)、倒膜用具、修手工具、眉钳、刷子、梳子、美容盆、美容仪器等物品；美发用品用具包括围布、毛巾、刀剪、梳子、推子、发刷、胡刷等物品。

（四）健康危害事故，是指美容美发场所内发生的因空气质量、水质不符合卫生标准、用品用具或设施受到污染导致的群体性健康损害事故。

第二章 场所卫生要求

第四条 选址

美容美发场所宜选择在环境洁净，具备给排水条件和电力供应的区域，场所周围25米范围内应无粉尘、有害气体、放射性物质和其他扩散性污染源。

第五条 场所设置与布局

（一）美容美发场所应当设置在室内，并有良好的通风和采光。美容场所经营面积应不小于30平方米，美发场所经营面积应不小于10平方米。

（二）美容美发场所的地面、墙面、天花板应当使用无毒、无异味、防水、不易积垢的材料铺设，并且平整、无裂缝、易于清扫；

（三）兼有美容和美发服务的场所，美容、美发操作区域应当分隔设置。经营面积在50平方米以上的美发场所，应当设有单独的染发、烫发间；经营面积小于50平方米的美发场所，应当设有烫、染工作间（区），烫、染工作间（区）应有机械通风设施。

（四）美容美发场所应当设置公共用品用具消毒设施，美容场所和经营面积在50平方米以上的美发场所，应当设立单独的清洗消毒间，专间专用；50平方米以下的美发场所应当设置消毒设备。

（五）美容美发场所应当设置从业人员更衣间或更衣柜，根据需要设置顾客更衣间或更衣柜。美发场所应当设置流水式洗发设施，且洗发设施和座位比不小于1∶5。

第六条 设施要求

（一）给排水设施

美容美发场所应有完备的给排水设施（含热水供应设施），排水设施具有防止逆流、病媒生物侵入和臭味产生的装置，并设有毛发过滤装置；给水水质符合《生活饮用水卫生标准》的要求。

（二）清洗消毒间

1. 面积应不小于3平方米，有给排水设施，通风和采光良好，地面、墙壁防透水，易于清扫。墙裙用瓷砖等防水材料贴面，高度不低于1.5米。配备操作台、清洗、消毒、保洁和空气消毒设施。

2. 清洗池应使用不锈钢或陶瓷等防透水材料制成，易于清洁，容量满足清洗需要。

3. 消毒保洁设施应为密闭结构，容积满足用品用具消毒和保洁贮存要求，并易于清洁。

4. 以紫外线灯作为空气消毒装置的，紫外线波长应为200—275纳米，按房间面积每10平方米设置30瓦紫外线灯一支，悬挂于室内正中，距离地面2—2.5米，照射强度大于70微瓦。

5. 清洗、消毒和保洁设施应当有明显标识。

（三）公共卫生间

1. 公共卫生间应设置水冲式便器，便器宜为蹲式，配置坐式便器宜提供一次性卫生座垫。卫生间应有流动水洗手设备和盥洗池。

2. 卫生间应设有照明和机械通风设施，机械通风设施不得与集中空调通风系统相通。

（四）储藏设施

储藏间或储藏柜应有足够的储藏空间，门窗装配严密，有良好的通风、照明、防潮和防病媒生物侵入设施。物品分类存放、离地、离墙并明显标识。

（五）通风设施

美容美发场所的通风设施应完备，空气流向合理。安装集中空调通风系统的，应当符合《公共场所集中空调通风系统卫生管理办法》的要求。使用燃煤或液化气供应热水的，应使用强排式通风装置。

（六）采光照明设施

美容美发场所应尽量利用自然采光或配置良好的照明设施，工作面照度不低于150勒克斯。

（七）废弃物存放设施

美容美发场所应当设有加盖密闭的废弃物盛放容器。

（八）预防控制病媒生物设施

美容美发场所应当配置有效的防尘、防鼠、防虫害设施，污水出口处及场所通风口安装防鼠网，门窗装配紧密，无缝隙。

第七条 设备与工具

（一）美容美发场所应配有数量充足的毛巾、美容美发工具，美容场所毛巾与顾客床位比大于10∶1，美发场所毛巾与座位比大于3∶1，公共用品用具配备的数量应当满足消毒周转的要求。

（二）美发场所应配备皮肤病患者专用工具箱，设有明显标识，一位客人一消毒。

（三）美容美发场所应配备专门摆放美容美发用品、器械、工具的工作台、物品柜或器械车。

第三章　卫生操作要求

第八条　操作规程

（一）美容美发场所经营者应按照本规范有关要求，参照《推荐的美容美发用品用具清洗消毒方法》和《推荐的美容美发场所及其设施、设备、工具清洁计划》，制定本场所具体的卫生操作规程。

（二）经营者应当认真组织从业人员学习卫生操作规程，从业人员应当熟悉本岗位卫生操作规程并严格按规程操作。

第九条　公共用品用具采购

（一）采购的公共用品用具应符合国家有关卫生标准和规定要求。采购的一次性卫生用品、消毒产品、化妆品等物品的中文标识应规范，并附有必要的证明文件。

（二）采购公共用品用具应向经销商索要产品卫生质量检测报告或有效证明材料，物品入库前应进行验收，出入库时应登记，文件和记录应妥善保存，便于溯源。

第十条　公共用品用具储藏

（一）公共用品用具应按服务功能和种类分类存放，专柜专用，保持洁净。

（二）化妆品、消毒产品储藏应遵循先进先出原则，变质或过期产品应及时清除并销毁。

— 43 —

第十一条 公共用品用具消毒

（一）毛巾、面巾、床单、被罩、按摩服、美容用具等公共用品用具应一客一换一消毒，清洗消毒后分类存放；直接接触顾客毛发、皮肤的美容美发器械应一客一消毒。

（二）公共用品用具如需外洗的，应选择清洗消毒条件合格的承洗单位，作好物品送洗与接收记录，并索要承洗单位物品清洗消毒记录。

（三）美发用围布每天应清洗消毒，提倡使用一次性护颈纸。

第十二条 公用饮具消毒

（一）公用饮具应一客一换一消毒，消毒后贮存于专用保洁柜内备用，已消毒和未消毒饮具应分开存放。保洁柜应保持洁净，不得存放其他物品。提倡使用一次性饮具。

（二）饮具清洗消毒后应表面光洁、无油渍、无水渍、无异味，符合《食（饮）具消毒卫生标准》规定。

第十三条 美容、美发操作

（一）从业人员操作前应认真检查待用化妆品，感官异常、超过保质期以及标识标签不符合规定的化妆品不得使用。不得自制或分装外卖化妆品。

（二）从业人员操作时应着洁净工作服，工作期间不得吸烟。美容从业人员应在操作前清洗、消毒双手，工作期间戴口罩，并使用经消毒的工具取用美容用品；理（美）发从业人员应在修面操作时戴口罩，对患有头癣等皮肤病的顾客，使用专用工具。

（三）不得使用未经消毒的公共用品用具。美容用唇膏、唇笔等应专人专用，美容棉（纸）等应一次性使用，胡刷、剃刀宜一次性使用。

（四）美容、美发、烫发、染发所需毛巾和工具应分开使用，使用后分类收集、清洗和消毒。烫发、染发操作应在专门工作区域进行。

（五）美容用盆（袋）应一客一用一换，美容用化妆品应一客一套。

第四章　卫生管理

第十四条　卫生管理组织

（一）美容美发场所法定代表人或负责人是其场所卫生管理第一责任人，对场所卫生管理负全面责任。

（二）美容美发场所应设置卫生管理职责部门或专（兼）职卫生管理人员，负责场所卫生管理的具体工作。专（兼）职卫生管理员应具有美容美发场所卫生管理工作经验。

第十五条　卫生管理工作职责

（一）制定场所卫生管理制度和岗位卫生责任制，参照《美容美发场所卫生管理自查建议项目》制订卫生检查计划，规定检查时间、检查项目及考核标准。检查服务过程卫生状况并记录，对不符合卫生要求的行为及时制止并提出处理意见。

（二）制订从业人员卫生培训教育计划和考核办法，组织从业人员参加卫生法律、法规、规范、标准和基本卫生知识、岗位操作规程等培训学习和考核。建立从业人员卫生知识培训管理档案。

（三）组织从业人员进行健康检查，督促将患有有碍公众健康疾病的从业人员调离直接为顾客服务的岗位，并制止其治愈前从事直接为顾客服务的工作。建立从业人员健康体检卫生管理档案。

（四）督促从业人员按时办理有关卫生证件、证明，严格执行《公共场所卫生管理条例》和相关卫生标准，依法从事经营活动。建立场所卫生管理档案。

（五）配合卫生执法人员对本场所进行卫生监督检查，并如实提供有关情况。

（六）制止美容美发场所非法加工、制作食品。有食品经营项目的，须使其符合《中华人民共和国食品卫生法》相关规定，并建立索证制度。

（七）参与其他保证场所卫生的有关工作。

第十六条 证照管理

美容美发场所、从业人员及健康相关产品证照齐全。卫生许可证悬挂在场所醒目处，营业执照、从业人员健康合格证明及卫生知识培训合格证明有效，健康相关产品卫生许可批件或备案文件复印件真实完备。

第十七条 卫生档案管理

美容美发场所应建立卫生管理档案，档案应包括以下方面：

（一）证照：卫生许可证、营业执照、从业人员健康合格证明和卫生知识培训合格证明、健康相关产品卫生许可批件或备案文件（复印件）等。

（二）卫生管理制度。

（三）卫生管理组织机构或卫生管理人员与从业人员岗位职责。

（四）发生传染病传播或健康危害事故后的处理情况。

（五）卫生操作规程。

（六）公共用品用具采购、验收、出入库、储存记录。

（七）公共用品用具（包括外洗物品）清洗、消毒、检测记录。

（八）设备设施维护与卫生检查记录。

（九）空气质量、集中空调通风系统检测记录。

（十）投诉与投诉处理记录。

（十一）有关记录：包括场所自身检查与检测记录，培训考核记录，从业人员因患有有碍公众健康疾病调离直接为顾客服务岗位记录，集中空调通风系统清洗消毒记录等。

（十二）有关证明：包括卫生设施设备及消毒设施设置情况，集中空调通风系统竣工图纸等。

各项档案中应有相关人员的工作记录并签名，档案应有专人管理，各类档案记录应进行分类并有目录。有关记录至少应保存三年。

第十八条 传染病和健康危害事故报告

（一）美容美发场所应建立传染病和健康危害事故报告制度，场所负责人和卫生管理员为责任报告人。

（二）当发生死亡或同时发生3名以上（含3名）受害病人时，责任报告人要在发生事故24小时内电话报告当地卫生行政部门。

（三）传染病和健康危害事故报告范围：

1. 室内空气不符合卫生标准所致的虚脱休克；

2. 公共用品用具、用水和卫生设施遭受污染所致传染性疾病、皮肤病；

3. 意外事故导致的一氧化碳、氨气、消毒剂、杀虫剂等中毒。

（四）发生传染病或健康危害事故时，场所经营者应立即停止相应经营活动，协助医务人员救治事故受害者，采取预防控制措施，防止事故的继发。

（五）任何单位和个人不得隐瞒、缓报、谎报传染病和健康危害事故。

第五章　人员卫生要求

第十九条　健康管理

（一）美容美发场所从业人员上岗前应当取得"健康合格证明"。直接为顾客服务的从业人员应每年进行健康检查，取得"健康合格证明"后方可继续从事直接为顾客服务的工作。"健康合格证明"不得涂改、伪造、转让、倒卖。

（二）从业人员患有有碍公众健康疾病，治愈之前不得从事直接为顾客服务的工作。可疑传染病患者须立即停止工作并及时进行健康检查，明确诊断。

第二十条　卫生知识培训

（一）美容美发场所从业人员应完成规定学时的卫生知识培训，掌握有关卫生法律法规、基本卫生知识和卫生操作技能等，取得卫生知识培训合格证明后方可上岗。

（二）从业人员卫生知识培训每两年进行一次。

第二十一条　个人卫生

（一）从业人员应保持良好的个人卫生，不留长指甲，勤剪发、勤修甲、勤洗澡、勤换衣，饭前便后、工作前后洗手。工作时不得涂指甲油及佩戴饰物，操作过程中严格洗手消毒，保持工作服整齐干净。

（二）从业人员不宜在工作区域内食、宿，不宜在工作场所摆放私人物品。

附 录

推荐的美容美发用品用具清洗消毒方法

一、清洗方法

(一) 手工清洗

1. 去除用品用具表面的大部分污渍。
2. 用含洗涤剂的溶液洗净用品用具表面。
3. 用清水漂洗干净用品用具。

(二) 机械清洗

按洗涤设备使用说明进行操作。

二、消毒方法

(一) 物理消毒。包括蒸汽、煮沸、红外线等消毒方法。

1. 蒸汽、煮沸消毒：煮沸15—30分钟，主要用于毛巾、面巾、床上用品等布、棉制品的消毒。

2. 红外线消毒箱：温度>120℃，作用30分钟，主要用于剃刀推剪等金属制品。

(二) 化学消毒。包括使用卤素类、季铵盐类、醛类和乙醇等消毒药剂，消毒后，应当用净水冲去用品用具表面的消毒剂。

1. 氯制剂消毒：使用有效氯含量500毫克/升的溶液，作用30—60分钟，主要用于面盆、毛巾、拖鞋等非金属类、不脱色的用品用具浸泡消毒和物体表面喷洒、涂擦消毒。

2. 戊二醛消毒：使用浓度2%戊二醛溶液，作用60分钟，主要用于剃刀、推剪等金属用品用具的浸泡消毒。

3. 新洁尔灭消毒：使用浓度0.1%的新洁尔灭可用于美容操作人员手部消毒和工具、器械浸泡消毒。

4. 乙醇消毒：使用浓度75%的乙醇可用于美容操作人员手部和高频玻璃电极、导入（出）棒等美容器械涂擦消毒。

三、保洁方法

（一）消毒后的用品用具要在洁净处自然晾干或烘干，不应使用毛巾擦干，以免造成再次污染。

（二）清洗消毒后的用品用具应当及时放入保洁柜内贮存。

四、室内空气、物体表面的消毒（在传染病流行季节时）

（一）室内空气的消毒方法：

1. 采用15%的过氧乙酸关闭门窗熏蒸1小时后，开窗通风换气。消毒药剂用量：7毫升/平方米。

2. 采用0.5%过氧乙酸关闭门窗气溶胶喷雾，消毒1—2小时后，开窗通风换气。消毒药剂用量：20毫升/平方米。

3. 采用1500毫克/升含氯消毒剂关闭门窗气溶胶喷雾，消毒1—2小时后，开窗通风换气。消毒药剂用量：20毫升/平方米。

4. 紫外线：紫外线灯每10平方米安装30瓦紫外线灯管1只，悬挂高度距地面2—2.5米，照射时间为60分钟，上班前和下班后每日2次。

（二）物体表面消毒消毒方法：采用500—1000毫克/升含氯消毒剂或0.1%—0.2%过氧乙酸喷洒或擦拭，作用时间60分钟，消毒药剂用量：50—200毫升/平方米。

五、注意事项

（一）使用的消毒药剂应符合卫生标准要求，消毒作用时间应当达到规定的要求。

（二）物理消毒的设施设备应定期检查，保持设备正常运转。

（三）使用的化学消毒药剂应当在保质期内，按规定贮存。配好的消毒液浓度降低后应及时更换，氯制剂每4小时更换，戊二醛溶液每7天更换。

理发店、美容店卫生标准

(1996年1月29日国家技术监督局发布)

1　主题内容和适用范围

本标准规定了理发店、美容院(店)的空气卫生标准值及其卫生要求。

本标准适用于理发店、美容院(店)。

2　引用标准

GB 7916 化妆品卫生标准

GB 9663 旅店业卫生标准

3　标准值和卫生要求

3.1　标准值(略)

3.2　经常性卫生要求

3.2.1　理发店、美容院(店)的环境应整洁、明亮、舒适。

3.2.2　理发店、美容院(店)应有健全的卫生制度。店内应有消毒设施或消毒间。

3.2.3　工作人员操作时应穿清洁干净的工作服,清面时应戴口罩。

3.2.4　理发用大小围布要经常清洗更换。

3.2.5　脸巾应洁净,每客用后应清洗消毒,其细菌数应符合 GB9663 中表2要求。

3.2.6　美容工具、理发工具、胡刷用后应消毒,不得检出大肠菌群和金黄色葡萄球菌。胡刷宜使用一次性胡刷。理发工具宜采用无臭氧紫外线消毒。理发刀具、美容工具配备的数量应满足消毒周转所需。

3.2.7 理发、烫发、染发的毛巾及刀具应分开使用，清洗消毒后的工具应分类存放。

3.2.8 供顾客使用的化妆品应符合GB7916规定。

3.2.9 必须备有供患头癣等皮肤传染病顾客专用的理发工具，并有明显标志，用后即时消毒，并单独存放。

3.2.10 正特、副特、甲、乙级烫发店、染发店和美容院必须设有单独操作间，并有机械排风装置。无单独操作间的普通理发店应设烫发、染发工作区，还应设有效的抽风设备，控制风速不低于0.3m/s。

3.2.11 毛巾与座位的比：正副特级5∶1，甲乙级4∶1，丙丁级不少于3∶1。干毛巾3∶1。

3.2.12 美容院（店）工作人员在美容前双手必须清洗消毒，工作时应戴口罩。

3.2.13 美容用唇膏、唇笔等应做到一次性使用，一般美容店不得做创伤性美容术。

3.2.14 理发店和美容店地下的碎发要及时清扫，保持室内清洁。理发和美容工具应摆放整齐，做到操作台上和刀具等用品表面无碎发残留。

3.3 设计卫生要求

3.3.1 新开业的理发店、美容店营业面积必须在 $10m^2$ 以上，已开业的应逐步达到上述的最低要求。并应有良好的采光面。

3.3.2 店内应设理发、美容工具洗涤消毒的设施。

3.3.3 理发店地面应易于冲洗，不起灰，墙面台度要有

1.5m 高的瓷砖、大理石贴面或油漆。

3.3.4 洗头池与座位比，正副特级理发店、美容院（店）不小于1∶4。甲乙级理发店不小于1∶5。

3.3.5 高级理发店、美容店应有机械通风设备，且组织通风合理。无机械通风设备的普通理发店、美容店应充分利用自然通风。

4 监测检验方法

本标准的监测方法按《公共场所卫生标准监测检验方法》执行。

沐浴场所卫生规范

关于印发《住宿业卫生规范》等规范的通知

卫监督发〔2007〕221号

各省、自治区、直辖市卫生厅局、商务主管部门，新疆生产建设兵团卫生局、商务局：

为了进一步加强住宿业、沐浴业和美容美发业的卫生管理，规范经营行为，提高卫生管理水平，根据《公共场所卫生管理条例》，卫生部、商务部组织制定了《住宿业卫生规范》、《沐浴场所卫生规范》和《美容美发场所卫生规范》，现印发给你们，请遵照执行。以上3个卫生规范自发布之日起施行。

卫生部、商务部
二〇〇七年六月二十五日

第一章 总 则

第一条 依据

为加强沐浴场所卫生管理，规范经营行为，防止传染病传播，保障人体健康，依据《中华人民共和国传染病防治法》、《公共场所卫生管理条例》、《突发公共卫生事件应急条例》、《艾滋病防治条例》、《化妆品卫生监督条例》等法律、法规，制定本规范。

第二条 适用范围

（一）本规范适用于中华人民共和国境内一切从事经营服务的沐浴场所，包括浴场（含会馆、会所、俱乐部所设的浴场）、桑拿中心（含宾馆、饭店、酒店、娱乐城对外开放的桑拿部和水吧 SPA）、浴室（含浴池、洗浴中心）、温泉浴、足浴等。

（二）沐浴场所内设置的理发店、美容店、游泳池、文化娱乐场所等其他公共场所和餐饮场所应当符合国家相关的卫生法律、法规和规章的规定。

第三条 用语含义

（一）污染源，是指沐浴场所受到有毒有害物质污染的来源，包括粪池、垃圾场、污水池、旱厕等。

（二）公共用品用具，是指沐浴场所提供顾客使用的、与顾客密切接触的物品。包括浴巾、毛巾、垫巾、浴衣裤、拖鞋、饮具、修脚工具等物品。

（三）卫生管理组织，是指对沐浴场所的卫生证照、从业人员健康管理、场所环境、顾客用品用具和设施等实施有效卫生管理的机构。

健康危害事故，是指沐浴场所内发生的因空气质量、水质不符合卫生标准、用品用具或设施受到污染导致的群体性健康损害事故。

第二章　场所卫生要求

第四条　选址、设计及竣工验收

（一）沐浴场所应选择远离污染源的区域。一般室外周围25米内不得有污染源，且不受粉尘、有害气体、放射性物质和其他扩散性污染源的影响。

（二）新建、改建、扩建的沐浴场所，在可行性论证阶段或设计阶段和竣工验收前应当委托具有资质的卫生技术服务机构进行卫生学评价。

第五条　环境卫生

沐浴场所内外环境应整洁卫生，蟑螂密度、鼠密度应符合国家有关卫生标准。

第六条　场所设置与布局

（一）沐浴场所应设有休息室、更衣室、沐浴区、公共卫生间、清洗消毒间、锅炉房或暖通设施控制室等房间。更衣室、沐浴区、公共卫生间分设男女区域，休息室单独设在堂口、大厅、房间等或与更衣室兼用。各功能区要布局合理，相互间比例适当，符合安全、卫生、使用要求。更衣室、浴区及堂口、大厅、房间等场所应设有冷暖调温和换气设备，保持空气流通。

（二）沐浴场所地面应采用防滑、防水、易于清洗的材料建造，墙壁和天顶应采用防水、无毒材料覆涂，内部装饰及保温材料不得对人体产生危害。

（三）使用燃气或存在其他可能产生一氧化碳气体的沐浴场所应配备一氧化碳报警装置。使用的锅炉应经质量技术监督部门许可。沐浴场所安装在室内的燃气热水器应当有强排风装置。池浴应配备池水循环净化消毒装置。

（四）更衣室应与浴区相通，配备与设计接待量相匹配的密闭更衣柜、鞋架、座椅等更衣设施，设置流动水洗手及消毒设施，更衣柜应一客一柜。更衣柜宜采用光滑、防水材料制造。休息室或兼做休息室的更衣室，每个席位不小于0.125平方米，走道宽度不小于1.5米。

（五）浴区四壁及天顶应当用无毒、耐腐、耐热、防潮、防水材料。天顶应有相应措施，防止水蒸汽结露。浴区地面应防渗、防滑、无毒、耐酸、耐碱，便于清洁消毒和污水排放，地面坡度应不小于2%，地面最低处应设置地漏，地漏应当有蓖盖。浴区内应设置足够的淋浴喷头，相邻淋浴喷头间距不小于0.9米，每十个喷头设一个洗脸盆。浴区通道合理通畅。浴区内不得放置与沐浴无关的物品。

（六）沐浴场所的吸烟区（室）不得位于行人必经的通道上，其室内空气应当符合国家卫生标准和卫生要求。

（七）沐浴场所设有食品经营项目的，应符合《中华人民共和国食品卫生法》的有关要求。

第七条　公共卫生间设施

（一）沐浴场所应配备相应的水冲式便器，在浴区内应当设置公共卫生间。公共卫生间的设计应符合卫生要求。

（二）公共卫生间内便器宜为蹲式，采用座式的宜提供一次性卫生座垫。

（三）公共卫生间内应有独立的排风设施，排风设施不得与集中空调管道相通。公共卫生间内应设置流动水洗手设施。

第八条 消毒设施

（一）提供公用饮具的沐浴场所应设置专用的饮具清洗消毒间，专间内应有上下水，设有 3 个以上标记明显的水池，配备足够的消毒设备或消毒药物及容器，配备密闭饮具保洁柜并标记明显。

（二）对浴巾、毛巾、浴衣裤等公用棉织品自行清洗消毒的沐浴场所应设置专用的清洗消毒间，专间内应有上下水，设有足够的清洗、消毒水池且标记明显，配备足够的清洗消毒设施或消毒药物及容器，配备毛巾、浴巾、垫巾、浴衣裤等专用密闭保洁柜且标记明显。提倡使用一次性浴巾、毛巾、浴衣裤等一次性用品。

（三）在沐浴场所适宜地点设置公用拖鞋清洗消毒处，配备足够的拖鞋清洗消毒设施或消毒药物及容器。

（四）在沐浴场所适宜地点设置修脚工具消毒点，配置专用的紫外线消毒箱或高压消毒装置对修脚工具进行消毒。

第九条 供水设施

（一）有冷热水供应设备并有明显标志，给排水管道及阀门等设备安全可靠。

（二）供顾客饮水的设备应当取得卫生行政部门许可批准文件（复印件），饮用水质应符合《生活饮用水卫生标准》。

（三）沐浴用水水质、浴池水质温度、浊度应符合国家相应卫生标准的要求。

第十条 通风设施

（一）沐浴场所应有良好的通风设施（新风、排风、除湿等），排气口应设置在主导风向的下风向，室内空气质量应符合国家有关卫生标准。

（二）如使用自然通风，应设有排气窗，排气窗面积为地面面积的5%。使用集中空调通风系统的，应符合《公共场所集中空调通风系统卫生管理办法》的规定。

第十一条　照明设施

沐浴场所应有足够的照明，灯具需安装安全防护罩。桑拿房应安装防爆灯具，使用安全电压。更衣室、浴区照度应符合相应的卫生标准。

第十二条　废弃物存放设施

沐浴场所应在适宜位置设置废弃物盛放容器，容器应密闭加盖，便于清理，能够有效预防控制病媒虫害孳生。

第十三条　预防控制病媒生物设施

沐浴场所应设有预防控制病媒虫害的设施。集中空调通风系统的新风口和回风口应安装防鼠、防病媒生物侵入设施。

第三章　卫生操作要求

第十四条　操作规程

（一）沐浴场所应当按照本规范有关要求，参考《推荐的沐浴场所用品用具更换、清洗、消毒、保洁方法》和《推荐的沐浴场所及设施、设备、工具清洁消毒方法》，制定本场所具体的卫生操作规程。

卫生操作规程包括沐浴场所为顾客提供服务过程中应当遵循的具体工作程序和要求；公共用品用具的采购、储存、更换、清洗、消毒的工作程序和要求；场所环境清洁、设施管理、维护、消毒等工作程序和要求。

（二）沐浴场所应当认真组织从业人员学习卫生操作规程，从业人员应当熟悉本岗位的卫生操作规程并严格按操作规程操作。

第十五条 公共用品用具采购

（一）沐浴场所使用的公共用品用具、化妆品、饮水设备、消毒药剂、消毒设施、清洁杀虫药剂等用品用具应到证照齐全的生产厂家或经营单位购买，按照国家有关规定索取检验合格证、生产企业卫生许可证或有关产品卫生许可批件。采购时应建立验收制度并做好记录。

（二）购置的消毒剂、清洁剂、杀虫剂不得对人体产生危害。使用的消毒、通风保暖等设施设备不得对人体安全造成损伤。顾客使用的发用类、护肤类、彩妆类、指（趾）甲类、芳香类化妆品对人体不应有毒有害并应符合《化妆品卫生规范》要求。

第十六条 公共用品用具储藏

（一）应按照最大设计接待容量1：3的比例配备浴巾、毛巾、浴衣裤等用品用具，设置相应的库房，配备保洁存放容器或设备，各类用品用具应分类存放并有明显区分标志。

（二）库房内不得堆放杂物，应有预防控制病媒生物、防潮等设施和措施，设有隔墙离地的平台和层架，设有机械排风设施，保持良好通风。

第十七条 公共用品用具消毒

对供顾客使用的浴巾、毛巾、浴衣裤等棉织品、公共饮具、公用拖鞋、修脚工具应有严格的更换、清洗、消毒、保洁制度，严格做到一客一换一消毒，其中对浴巾、毛巾、浴衣裤等棉织品和公共饮具应在不同清洗消毒专间内清洗消毒，经清洗消毒后的各类用品用具应达到公共场所用品卫生标准的规定并保洁存放备用。各类用品用具更换、清洗、消毒、保洁方法可参考《推荐的沐浴场所用品用具更换、洗涤、消毒、保洁方法》。

禁止重复使用一次性用品用具。

第十八条　浴池水消毒

沐浴场所应根据循环净化消毒装置、客流量等状况定期对浴池进行清洗、消毒、换水。浴池水每日必须经循环净化消毒装置处理，营业期间池水应定期补充新水，水质符合卫生要求。

第十九条　沐浴场所及设施、设备、工具清洁消毒

沐浴场所的地面、墙面、水龙头、座椅、茶几等应经常清扫或擦洗。对顾客经常使用或触摸的物体表面、更衣箱、公共卫生间、垃圾箱（桶）、浴池、浴盆、洗脸盆、擦背凳及擦背工具、集中空调通风系统的清洗消毒等可参考《推荐的沐浴场所及设施、设备、工具清洁消毒方法》。

第二十条　设备设施维护

沐浴场所应当定期对清洗消毒、保暖通风、冷热水供应等设备设施进行检查和维修，做好检查、保养和维修的记录。发现问题及时检修，发生故障时应采取应急处理措施，确保各类设施设备正常运行，保持良好状态。

第四章　卫生管理

第二十一条　卫生管理组织

（一）沐浴场所应当建立健全卫生管理制度，明确卫生主管

负责人，配备专（兼）职卫生管理人员，制定完善的部门和人员岗位责任制度。沐浴场所的法定代表人或负责人是其经营场所卫生管理的第一责任人，对其经营场所的卫生管理负全面责任。

（二）沐浴场所应当建立从业人员健康管理制度，做好从业人员健康检查的组织安排和督促检查工作，对患有有碍公众健康疾病的从业人员应当调离直接为顾客服务的工作岗位。

第二十二条 培训、管理制度（自检、公示）

（一）沐浴场所及从业人员应当证照齐全，卫生许可证应悬挂在场所醒目处。

（二）沐浴场所经营单位应建立卫生知识培训考核制度，定期对本单位的从业人员进行卫生知识培训和考核并做好记录。

（三）建立自身检查与检测制度。对场所环境卫生状况、从业人员个人卫生、操作卫生等内容可参考《沐浴场所卫生管理自查建议项目与内容》，每周进行一次检查并做好记录。对场所更衣室、浴室温度、照度、一氧化碳和二氧化碳浓度以及浴池水温度、浊度等每月进行一次自身检测并做好记录。对尚无能力开展自身检测的项目可委托有资质的单位进行检测。

（四）建立公示制度。对从业人员健康检查及沐浴场所卫生检测结果应当及时在沐浴场所醒目处向顾客公示。

（五）设立禁浴标志。应在沐浴场所门口醒目位置设有禁止性病和传染性皮肤病（如疥疮、化脓性皮肤病、霉菌引起的皮肤病等）等患者就浴的明显标志。

第二十三条 环境卫生管理

（一）沐浴场所应建立室内外环境清洁制度，定期清洁室内外环境，保持经营场所内外环境卫生、舒适。

（二）配备充足干净的清扫工具，定期做好卫生清扫工作，及时清运废弃物并统一定点处理。

（三）公共卫生间和废弃物容器无病媒虫害孳生，无积水、无异味。

（四）沐浴场所内应放置安全套或者设置安全套发售设施，应当提供艾滋病防治宣传资料。

第二十四条 传染病和健康危害事故应急预案、事故报告

（一）沐浴场所应当制定预防传染性疾病传播、一氧化碳中毒等健康危害事故的应急处置工作预案。当发生传染病或健康危害事故时，应及时抢救受害者脱离现场，迅速送病人到附近医疗机构救治，采取预防控制措施，防止事故的继发。

（二）沐浴场所负责人及卫生负责人是传染病和健康危害事故报告责任人。当发生下列传染病或健康危害事故时应及时报告当地卫生部门；导致死亡或同时发生3名以上（含3名）受害病人时，事故报告责任人要在发生事故24小时内电话报告：

1. 室内空气不符合卫生标准所致的虚脱休克；

2. 水质受到污染所致的介水传染性疾病流行；

3. 公共用具、用水和卫生设施受到污染所致传染性疾病、皮肤病流行；

4. 意外事故导致的一氧化碳、消毒剂、杀虫剂等中毒。

第二十五条 档案管理

沐浴场所应建立完善本单位卫生管理档案。档案内容应包括以下几方面：

（一）有关证照：卫生许可证、营业执照、从业人员健康合格证明和卫生知识培训合格证明等。

（二）卫生管理制度：包括培训考核制度、自身检查与检测制度、公共用品清洗消毒更换制度、禁浴制度等。

（三）组织领导机构和人员岗位职责。

（四）预防控制传染性疾病传播的应急预案，健康危害事故应急处置工作预案。发生传染病或健康危害事故后的处理情况。

（五）各种操作规程：包括饮具等清洗消毒规程、非集中式空调清洗消毒规程等。

（六）用品采购、验收、出入库、储存档案。

（七）用品用具、饮具清洗消毒检测档案。

（八）设备设施维护，卫生检查档案。

（九）空气质量、集中空调通风系统检测档案。

（十）投诉与投诉处理结果档案。

（十一）有关记录：包括公共用品清洗消毒更换记录，自身检查与检测记录，培训考核记录，集中空调通风系统清洗消毒记录等。

（十二）有关证明：包括预防性建筑设计审核，集中空调通风系统竣工图纸，有关消毒设施，消毒药物，饮水设备，化妆品等的有效卫生许可证或卫生许可批件的复印件等。

各项档案中应有相关人员的工作记录并签名，档案应有专人管理，各类档案记录应进行分类并有目录。有关记录至少应保存三年。

第五章　人员卫生要求

第二十六条　健康管理

（一）沐浴场所从业人员上岗前应当取得"健康合格证明"。直接为顾客服务的从业人员，应每年进行健康检查，取得"健康合格证明"后方可从事直接为顾客服务的工作。"健康合格证明"不得涂改、转让、倒卖、伪造。

（二）从业人员患有有碍公众健康疾病，治愈之前不得从事直接为顾客服务的工作。可疑传染病患者须立即停止工作并及时进行健康检查，明确诊断。

第二十七条　卫生知识培训

（一）沐浴场所卫生负责人和从业人员应当完成规定学时的卫生知识培训，掌握有关卫生法律法规、基本卫生知识和卫生操作技能等。

（二）从业人员卫生知识培训每两年进行一次。

（三）从业人员取得卫生知识培训合格证明后方可上岗。

第二十八条　个人卫生

（一）沐浴场所从业人员工作时应穿着统一整洁的工作服，为顾客进行修脚、擦背等操作前后双手均应清洗消毒。

（二）从业人员应保持良好的个人卫生，勤洗澡、勤换衣、勤理发，不得留长指甲和涂指甲油。与沐浴无关的个人用品不得带入沐浴区域。

附 录

推荐的沐浴场所用品用具更换、洗涤、消毒、保洁方法

用品用具 方法	浴巾、毛巾、浴衣裤、垫巾等棉织品	公共茶具	公用拖鞋	修脚工具
更换方法	一客一换			
洗涤方法	使用洗涤剂手工洗涤或机器洗涤	可使用洗涤剂手工洗涤或机器洗涤	可使用洗涤剂手工洗涤或机器洗涤	手工清水洗涤
消毒方法	(1) 耐热耐湿的可用流通蒸汽100℃作用20分钟-30分钟，或煮沸消毒作用15分钟-30分钟。不耐热耐湿的可用化学消毒法，0.2%—0.5%过氧乙酸溶液、或有效溴或有效氯含量为250毫克/升-500毫克/升的消毒溶液浸泡30分钟，清洗后备用。(2) 也可用大型消毒洗涤机清洗消毒。(3) 有条件的还可用环氧乙烷消毒。	首先物理消毒方法，可采用流通蒸汽100℃作用20分钟、煮沸消毒作用15分钟-30分钟，或远红外线消毒碗柜125℃作用15分钟以上。不宜用热力消毒的可用化学消毒方法，消毒前洗刷干净，用含有效溴或有效氯含量为250毫克/升的消毒溶液浸泡30分钟后清洗。	不耐热拖鞋可浸泡在0.2%—0.5%过氧乙酸溶液，或有效溴或有效氯含量为1000毫克/升的消毒液中，浸泡30分钟，清洗后备用。耐热拖鞋可经流通蒸汽100℃作用20分钟—30分钟，或经煮沸消毒作用15分钟—30分钟。	可采用专用的无臭氧紫外线箱消毒，或用高压消毒。

续表

用品用具 方法	浴巾、毛巾、浴衣裤、垫巾等棉织品	公共茶具	公用拖鞋	修脚工具
保洁方法	消毒后的棉织品要在洁净处自然晾干或烘干,然后及时放入密闭保洁柜内存放,且做到对各类不同棉织品有明显的区分标志。	消毒后的茶具要在洁净处自然晾干或烘干,然后及时放入密闭保洁柜内存放并有明显标志。	消毒后的公用拖鞋要在洁净处自然晾干或烘干,然后及时保洁存放并有明显标志。	消毒后的修脚工具要及时保洁存放并有明显标志。
注意事项	(1) 各类棉织品、公共茶具洗涤消毒应在专间内指定容器或水池中进行,公用拖鞋和修脚工具应在规定地点指定容器中进行。(2) 使用的各类洗涤剂、消毒剂应当符合卫生要求,使用的洗涤消毒设施应保持正常运转。(3) 将棉织品外送洗涤消毒的,负责洗涤消毒的单位应当有相应的资质。			

推荐的沐浴场所及设施、设备、工具清洁消毒方法

项　　目	清洁消毒方法
地面、墙面、水龙头、座椅、茶几等顾客经常使用或触摸的物体表面	每天营业结束后及时清扫，必要时用0.1%过氧乙酸溶液、有效溴或有效氯含量为250毫克/升—500毫克/升的消毒溶液拖擦或喷洒、擦拭。对休息椅上的垫巾或椅套应定期更换清洗。
更衣箱	每天营业结束后清洁消毒。用0.05%过氧乙酸溶液、或有效溴或有效氯含量为250毫克/升的消毒溶液揩擦。
公共卫生间（厕所）和垃圾箱（桶）	每天营业结束后或需要时及时清洁消毒。对公共卫生间及时清水清洁后用有效溴或有效氯含量250毫克/升—500毫克/升的消毒溶液擦拭。对便池、下水道及时用有效溴或有效氯含量1000毫克/升的消毒溶液冲洗，作用30分钟，然后用流动水冲去残留的消毒剂。对垃圾箱（桶）内垃圾要及时清运，未清运的垃圾应置于有盖的桶内，每天用有效溴或有效氯含量1000毫克/升的消毒溶液喷洒垃圾桶内外表面。
浴池（包括桑拿、脉冲等各类池浴浴池）	每天营业结束后或必要时及时清洁消毒。对浴池消毒方法建议用含0.1%过氧乙酸溶液、或有效溴或有效氯含量为500毫克/升的消毒溶液喷洒浴池四周和底部，作用20分钟后，用清水冲洗。或者用自动消毒设施（氯、二氧化氯、臭氧）产生高浓度的消毒药水浸泡30分钟。
浴池水	每日必须经循环净化消毒装置处理。
供顾客使用的浴盆、洗脸盆、擦背凳及擦背工具等	严格执行一客一用一消毒。浴盆可采用含0.05%—0.1%过氧乙酸溶液、或有效溴或有效氯含量为250毫克/升—500毫克/升的消毒溶液浸泡30分钟。洗脸盆、擦背凳可采用含采用0.05%—0.1%过氧乙酸溶液、或有效溴或有效氯含量为250毫克/升—500毫克/升的消毒液揩擦，擦背凳宜使用一次性塑料薄膜。擦背工具可采用含0.05%—0.1%过氧乙酸溶液、或有效溴或有效氯含量为250毫克/升—500毫克/升的消毒溶液浸泡30分钟或揩擦。
集中空调通风设系统	按照《公共场所集中空调通风系统卫生管理办法》和《公共场所集中空调通风系统清洗规范》要求进行清洗消毒。

沐浴场所卫生管理自查建议项目与内容

检查项目	检查内容	检查结果	措施
环境卫生	1. 场所内外环境是否整洁卫生，有无病媒虫害，空气有无异味，地面有无烟蒂、痰迹和积水等，墙面、天花板有无霉斑、脱落等，门窗有无破损等，水龙头、座椅、茶几等顾客经常使用或触摸的物体表面有无污迹等。		
	2. 毛巾、垫巾、浴巾、浴衣裤、公共茶具、公用拖鞋、修脚工具等各类公共用品用具有无污迹、毛发和体屑等。		
	3. 更衣箱、浴池、浴盆、洗脸盆、擦背凳、擦背工具、通风、供暖、集中空调等各种设施、设备、工具有无积尘、污迹等。		
	4. 公共卫生间是否清洁卫生。		
	5. 废弃物有无及时清运，容器有无加盖。		
	6. 浴池水是否清洁。		
	7. 是否配备充足干净的清扫工具。		
	8. 禁止入浴标志是否醒目明显。		
从业人员卫生与健康管理	1. 从业人员是否持有效健康合格证明、卫生知识培训合格证明。		
	2. 从业人员穿戴的工作服是否整洁。		
	3. 从业人员是否留长指甲和涂指甲油，为顾客进行修脚、擦背等服务前双手是否清洗消毒，操作时是否戴口罩帽子。		

续表

检查项目	检查内容	检查结果	措施
用品用具采购与储存	1. 是否建立用品用具采购验收制度并有完整记录，是否按规定索取检验合格证、卫生许可证等有关资料。		
	2. 库房是否有杂物堆放。		
	3. 用品用具是否隔墙离地存放。		
	4. 用品用具是否分类存放并有明显区分标志。		
	5. 库房通风是否良好，墙面及天顶有无霉斑。		
操作卫生	1. 对供顾客使用的浴巾、毛巾、垫巾、浴衣裤、公共茶具、公用拖鞋、修脚工具、搓背工具是否做到一客一换一消毒并有相应记录。		
	2. 对各种物体表面、更衣箱、公共卫生间、垃圾箱（桶）、浴池及浴池水、浴盆、洗脸盆、擦背凳及擦背工具、集中空调等有关场所、设施、设备、工具是否按规定定期清洁消毒并有相应记录。		

游泳场所卫生规范

关于印发《游泳场所卫生规范》的通知

卫监督发〔2007〕205号

各省、自治区、直辖市卫生厅局、体育局，新疆生产建设兵团卫生局、体育局：

　　为了进一步加强游泳场所的卫生管理，规范游泳场所经营行为，提高卫生管理水平，根据《公共场所卫生管理条例》，卫生部、国家体育总局组织制定了《游泳场所卫生规范》，现印发给你们，请遵照执行。本规范自发布之日起施行。

中华人民共和国卫生部

国家体育总局

二〇〇七年六月二十一日

第一章　总　则

第一条　依据

为加强游泳场所卫生管理，规范经营行为，防止传染病传播和健康危害事故的发生，保障人体健康，依据《中华人民共和国传染病防治法》、《公共场所卫生管理条例》、《公共文化体育设施条例》、《突发公共卫生事件应急条例》等法律、法规，制定本规范。

第二条　适用范围

本规范适用于中华人民共和国境内各类游泳场所，包括人工游泳场所、天然游泳场所和水上游乐设施。

第三条　用语含义

（一）本规范所称游泳场所，是指能够满足人们进行游泳健身、训练、比赛、娱乐等项活动的室内外水面（域）及其设施设备。

（二）循环净化给水系统，是指将使用过的游泳池池水，按规定的流量和流速从池内抽出，经过滤净化使池水澄清并经消毒杀菌处理后，符合相关水质标准后，再送回游泳池内重复使用的系统。

（三）直流式给水系统，是指将符合生活饮用水水质标准的水流，按设计流量连续不断送入游泳池，再将使用过的池水按相应的流量连续不断经排水口排出游泳池的给水系统。

（四）直流净化给水系统，是指地面或地下水，经过滤净化和消毒杀菌处理达到游泳池水质标准后，按设计流量连续送入游泳池，再将使用过的池水按相应流量排出游泳池的系统。

（五）浸脚消毒池，是指为使游泳者在进入游泳池之前强制接受脚部消毒而在通道上设置的含有消毒液的水池。

（六）强制淋浴，是指为使游泳者在进入游泳池之前强制接受身体清洗而在通道上设置的淋浴装置。

第二章 卫生要求

第四条 选址设计验收

（一）天然游泳场所应设在污染源的上游，上游1000米、下游100米以内不应有污水排放口，岸边100米以内不应堆有污物或存在渗透性污染源。水底与岸边地质适宜，不应有树枝、树桩、礁石等障碍物和污染物。水流速度不大于0.5米/秒，并应划定卫生防护区。严禁血吸虫病区或潜伏有钉螺地区开辟天然游泳场所。

（二）新建、改建、扩建的游泳场所工程选址、设计，在可行性论证阶段或设计阶段以及竣工验收前，应当委托具有资质的卫生技术服务机构进行卫生学评价。游泳场所应将设计说明、水质处理设计参数、场所总平面布置图、装修原材料、池水循环净化消毒装置及其工作规程、空调通风系统的设计安装情况以及其他有关资料，报当地卫生监督机构备查。

第五条 环境卫生

游泳场所的内外环境应保持整洁、卫生、舒适、明亮、通风，空气质量符合国家有关卫生标准。

第六条 设施与布局

（一）人工建造游泳场所应设置游泳池及急救室、更衣室、淋浴室、公共卫生间、水质循环净化消毒设备控制室及库房。并按更衣室、强制淋浴室和浸脚池、游泳池的顺序合理布局，相互间的比例适当，符合安全、卫生的使用要求。

（二）急救室应按《体育场所开放条件与技术要求》GB19079要求设置，配有氧气袋、救护床、急救药品和器材，救护器材应摆放于明显位置，方便取用。

（三）更衣室地面应使用防滑、防渗水、易于清洗的材料建造，地面坡度应满足建筑规范要求并设有排水设施。墙壁及内顶用防水、防霉、无毒材料覆涂。更衣室应配备与设计接待量相匹配的密闭更衣柜、鞋架等更衣设施，并设置流动水洗手及消毒设施。更衣柜宜采用光滑、防透水材料制造并应按一客一用的标准设置。更衣室通道宽敞，保持空气流通。常年开放的室内游泳池宜设有空气调节和换气设备、池水温度调节设施。

（四）淋浴室与浸脚消毒池之间应当设置强制通过式淋浴装置，淋浴室每20—30人设一个淋浴喷头。地面应用防滑、防渗水、易于清洗的材料建造，地面坡度应满足建筑规范要求并设有排水设施。墙壁及顶用防水、防霉、无毒材料覆涂，淋浴室设有给排水设施。

（五）为顾客提供饮具的应设置饮具专用消毒间。

（六）设有深、浅不同分区的游泳池应有明显的水深度、深浅水区警示标识，或者在游泳池池内设置标志明显的深、浅水隔离带。游泳池壁及池底应光洁不渗水，呈浅色，池角及底角呈圆角。游泳池外四周应采用防滑易于冲刷的材料铺设走道，走道有一定的向外倾斜度并设排水设施，排水设施应当设置水封等防空气污染隔离装置。

（七）淋浴室通往游泳池通道上应设强制通过式浸脚消毒池，池长不小于2米，宽度应与走道相同，深度20厘米。

（八）室内游泳池应有符合国家有关标准的人员出入口及疏散通道，设有机械通风设施。

（九）游泳池应当具有池水循环净化和消毒设施设备，设计参数应能满足水质处理的要求。采用液氯消毒的应有防止泄漏措施，水处理机房不得与游泳池直接相通，机房内应设置紧急报警装置。放置、加注液氯区域应设置在游泳池下风侧并设置警示标志，加药间门口应设置有效的防毒面具，使用液氯的在安全方面应符合有关部门的要求。

（十）游泳场所应配备余氯、PH 值、水温度计等水质检测设备。

第七条 设施布局

（一）天然游泳场围护区域内应设置明显的安全防护网与安全警示标志，海滨游泳场应在岸边选择适宜地点设置更衣室、淋浴室、指挥台、公共卫生间、急救室；指挥台内应配备望远镜、通讯广播设备；急救室应配备救生圈（船）、救生人员及有关物品等。

（二）天然游泳场所应有平坦的入水走道通向水域，通道应保持清洁。在天然游泳场所水面应按一定水深范围分别设置不同颜色且颜色鲜艳的浮筒，并有告示说明其所代表的水深范围。

（三）天然游泳场所应配备 PH 值等水质检测设备。

（四）天然游泳场所应设立天气预报、水温告示牌。

第八条 公共卫生间

（一）在游泳场所淋浴室的区域内应配备相应的水冲式公共卫生间。公共卫生间地面应低于淋浴室，地面与墙壁应选择耐水易洗刷材料铺设。男卫生间每 60 人设一个大便池和二个小便池，女卫生间每 40 人设一个便池。

（二）公共卫生间内便池宜为蹲式，采用座式便池的宜提供一次性卫生座垫。卫生间内应设置流动水洗手设施，卫生器具宜采用感应式水龙头和冲洗阀。卫生间应有独立的排风设施，机械通风设施不得与集中空调管道相通。

第九条 通风照明水质

（一）室内游泳场所应保持良好通风，机械通风设施正常运转，空气细菌总数、室温、相对湿度、风速、二氧化碳等空气监测指标应符合国家相关卫生标准的要求。使用集中空调通风系统的游泳场所，其空调通风系统应符合国家相关规定。

（二）室内游泳场所自然采光系数不低于1/4，夜间人工照明，距离水面1米高度的平面照度不低于180勒克斯，开放夜场应当配备足够的应急照明灯。天然游泳场所游泳区水面照度应能够满足救生安全需要。

（三）游泳池水质应符合国家有关标准要求，提供的饮水设施设备及饮用水水质应符合国家相关卫生标准。

第十条 废弃物存放

游泳场所应在适宜位置设置废弃物盛放容器，容器应加盖密闭，便于清理，并能有效预防控制病媒生物孳生。

游泳场所应设有预防控制病媒生物的设施。

第三章 卫生操作要求

第十一条 人工游泳场所应当制订以下操作规程

（一）池水循环、净化、补充、消毒操作规程。

（二）浸脚消毒池水更换消毒操作规程。

（三）公共用品用具清洗消毒操作规程。

（四）集中空调通风系统清洗消毒规程。

（五）池水循环净化设备维护、污水处理排放等操作规程。

第十二条 公共用品用具采购

游泳场所使用的公共用品用具、净化剂、清洁剂、杀虫剂、消毒药剂、消毒设施、饮水设备、急救物品及设施、池水循环净化设备等各类用品用具应到证照齐全的生产厂家或经营单位购买,采购时应建立验收制度并做好记录,按照国家有关规定索取检验合格证和生产企业卫生许可证或有关产品卫生许可批件。使用的消毒剂、净化剂、清洁剂、杀虫剂、急救药物等不得对人体产生危害。使用的循环、净化、消毒、通风保暖等设施设备不得对人体安全造成损伤。

第十三条 公共用品用具储藏

库房应存放一定数量的公共用品用具、消毒药剂、急救物品与设施等,物品应分类存放,标记明显。库房内不得堆放杂物。库房应有预防控制病媒虫害的设施和措施,设有机械通风装置,保持良好通风。消毒药剂和急救药物应有专人负责管理,专间或专柜存放且密闭上锁,并严格执行使用登记制度。按药品有效期分类存放,并及时清理过期药品。

第十四条 公共用品用具消毒

游泳场所提供游泳者使用的公共用品用具(包括拖鞋、茶具等)应一客一换一消毒。消毒后的饮用具应存放于保洁柜。

第十五条 人工游泳池水净化消毒

(一)经净化消毒的游泳池水质应符合相关国家卫生标准的要求。采用臭氧、紫外线或其他消毒方法消毒时,还应辅助氯消毒。

(二)游泳池水(包括儿童涉水池连续供给的新水)应保持游离余氯浓度为0.3—0.5毫克/升。

(三)浸脚消毒池池水余氯含量应保持5—10毫克/升,应当每4小时更换一次。

(四)游泳池水循环过滤净化设备每日应进行反冲洗,反冲洗水应排入下水道。

（五）池水水质消毒液投入口位置应设置在游泳池水水质净化过滤装置出水口与游泳池给水口之间。

第十六条 游泳场所消毒

（一）人工游泳场所每班开场前和散场后均应对游泳池外沿、池边走道及卫生设施进行清扫、擦洗或冲洗一次。发现有污染时，用含氯消毒液喷洒消毒后再进行擦洗。

（二）淋浴室应经常刷洗，地面要定期消毒。更衣柜应于每日开放结束后做好清洁消毒工作。公共卫生间和垃圾箱（桶）应每天及时清洗消毒，防止孳生蚊蝇。

（三）饮水、消毒、抢救等设施设备以及急救室应定期做好清洁消毒。

第十七条 设备设施维护

（一）人工游泳场所水质循环净化消毒、补水、保暖通风等设备设施应齐备完好，应建立并执行定期检查和维修制度，做好相应记录。

（二）设施设备发生故障时应及时检修，采取应急处理措施，确保设施设备正常运行。水循环设备检修超过一个循环周期时，不得对外开放。

第四章 卫生管理

第十八条 证照管理

游泳场所及从业人员应证照齐全，卫生许可证应悬挂在场所醒目处。

第十九条 机构及人员职责

（一）游泳场所的法定代表人或负责人是该场所卫生安全的第一责任人，对场所的卫生管理负全面责任。

（二）游泳场所应当建立健全卫生管理制度，设立卫生安全管理组织机构或部门，明确卫生安全主管负责人，配备专（兼）职卫生安全管理人员。游泳场所水质净化消毒、水质监测、督浴、浸脚消毒池、救生、巡视监护等岗位应建立相应的管理制度，并明确管理人员及岗位责任。

（三）游泳场所应做好从业人员健康检查和卫生知识培训的组织安排工作，并根据健康检查的结果，对患有不宜从事游泳场所服务工作疾病的，调离其直接为顾客服务的工作岗位。

第二十条 培训、管理制度

（一）游泳场所应建立卫生及专业知识培训考核制度，定期对本单位的工作人员进行卫生及专业知识培训和考核并做好记录。

（二）建立自身检查制度，对场所卫生状况、从业人员个人卫生、操作卫生、日常清洗消毒等工作进行经常性检查，并做好清洗消毒的记录。

（三）人工游泳场所应设置专人负责池水净化消毒工作，并配备足量、符合国家卫生要求的净化、消毒剂。每场开放前、开放时均应进行池水余氯、PH值、温度等检测，检测结果应公示并注明测定时间，且记录备查，检测结果应每月上报卫生监督部门。开放期间每月应由当地卫生检验部门进行检测，并出具检验报告。游泳池每年开放前和连续开放期间应对卫生标准规定的全部项目进行检测。

（四）天然游泳场所每年开放前应经卫生部门水质监测合格后方可对外开放，同时应根据国家有关标准要求中规定的项目定期进行水质检验,每月不少于 1 次,监测结果应向公众公示。

(五)游泳场所应当建立禁止出租游泳衣裤管理制度。

第二十一条 环境卫生管理

游泳场所应配备足够、干净的清扫工具,定期做好卫生清扫工作并做好记录,及时清运废弃物并统一处理。

第二十二条 传染病和健康危害事故应急预案、事故报告

(一)游泳场所应当制定预防传染性疾病传播、氯气泄漏等健康危害事故的应急处置工作预案。当发生传染病或健康危害事故时,应及时抢救受害者脱离现场,迅速送病人到附近医疗机构救治,采取预防控制措施,防止事故的继发。

(二)游泳场所负责人及卫生负责人是传染病和健康危害事故报告责任人。当发生下列传染病或健康危害事故时应及时报告当地卫生、体育行政部门;导致死亡或同时发生 3 名以上(含 3 名)受害病人时,事故报告责任人要在发生事故 24 小时内电话报告:

1. 室内空气不符合卫生标准所致的虚脱休克;

2. 水质受到污染所致的介水传染性疾病流行;

3. 公共用具、用水和卫生设施受到污染所致传染性疾病、皮肤病流行。

第二十三条 档案管理

游泳场所应建立完善本单位卫生管理档案。档案内容应包括以下几方面:

(一)有关证照:许可证、营业执照、从业人员健康合格证和卫生知识培训合格证以及岗位资质证明等。

(二)卫生管理制度:包括培训考核制度、自身检查制度、水质循环净化消毒制度、水质监测制度、公共用品清洗消毒更

换制度等。

（三）组织领导机构和人员岗位职责。

（四）预防控制传染性疾病传播的应急预案，健康危害事故应急处置工作预案。发生传染病或健康危害事故后的处理情况。

（五）各种操作规程：包括游泳池水循环净化消毒操作规程、设备维护操作规程等。

（六）有关记录：包括游泳池水水质循环净化消毒记录、水质监测记录、公共用品清洗消毒更换记录、自身检查记录、培训考核记录、集中空调通风系统清洗消毒记录等。

（七）有关资料及证明：包括相关法律法规、标准、规范；卫生学评价资料；总平面布置图；集中空调通风系统布置图；装修原材料；池水循环净化消毒装置资料；有关消毒设施、消毒药物、饮水设备等卫生许可证或卫生许可批件的复印件等相关资料。

各项档案中应有相关人员的工作记录并签名，档案应有专人管理，各类档案记录应进行分类并有目录。有关记录至少应保存三年。

第五章 人员卫生要求

第二十四条 游泳场所工作人员的健康管理

（一）游泳场所直接为顾客服务的从业人员应每年进行一次健康检查，取得健康合格证明后方可上岗。

（二）健康合格证明不得涂改、转让、倒卖、伪造。

（三）患有痢疾、伤寒、甲型病毒性肝炎等消化道疾病（包括病原携带者）、活动性肺结核、化脓性或者渗出性皮肤病以及其他有碍公共卫生的疾病，治愈前不得从事直接为顾客服务的工作。

第二十五条 游泳场所游泳者的健康管理

场所入口处应有明显"严禁肝炎、重症沙眼、急性出血性结膜炎、中耳炎、肠道传染病、精神病、性病等患者和酗酒者进入"的标志。

第二十六条 卫生知识培训

（一）游泳场所从业人员应加强业务和卫生知识的培训学习，完成规定学时的卫生知识培训，掌握有关卫生法规、基本知识和卫生操作技能等。卫生知识培训每两年进行一次。新参加工作的从业人员应取得卫生知识培训合格证明后方可上岗。

（二）对从事较强技术性工作的人员，如水质处理、消毒、监护和急救等人员应按照有关法律、法规和行业有关规定要求参加相关培训合格后上岗。

第二十七条 个人卫生

游泳场所从业人员应备有两套以上工作服，工作时应穿着整洁的工作服并佩戴标志，保持良好的个人卫生，勤洗澡、勤换衣、勤理发，不得留长指甲和涂指甲油。

附 录

推荐的游泳场所、游泳池水清洗消毒方法

一、游泳池水

(一) 循环净水和消毒设备

1. 游泳池应当安装循环净水和消毒设备,并能满足水质处理的要求。游泳场所水质循环净化消毒设备应保持齐全完好,建立定期检查和维修制度,做好经常性检查、保养和维修并作好记录。发现问题及时检修,发生故障时应有应急处理措施,确保各类设施设备正常运行,保持良好状态。

2. 循环净水和消毒设备的选择,应符合下列要求:

(1) 设备安全可靠、操作和维修方便;

(2) 计量装置的计量准确,且灵活可调;

(3) 投加系统能自动控制,且安全可靠;

(4) 加氯机至少设置一套备用,加氯机应有压力稳定且不间断的水源,加氯机的运行和停止应与循环水泵的运行和停止设联锁装置。

(二) 游泳池水消毒

1. 消毒剂的选择应符合下列要求:

(1) 杀菌消毒能力强,并有持续杀菌的功能;

(2) 对水和环境无污染,不改变池水水质;

（3）对人体无刺激或刺激性较小；

（4）对建筑结构、设备和管道腐蚀性小。

2. 在有条件和需要的情况下，可采用臭氧、紫外线或其他消毒方法。采用臭氧或紫外线消毒时，还应辅以氯消毒，以保持消毒的持续性。

3. 游泳池水（包括儿童涉水池连续供给的新水）加氯量按池水中游离余氯量为0.3—0.5毫克/升计算确定，浸脚消毒池水加氯量按池水中游离余氯量为5—10毫克/升计算确定，加药时间最好在开放前1—2小时进行。游泳场所开放时，要定期测定游泳池水余氯，并做好记录。有条件的，室内游泳场所开放时，每2小时测一次余氯；室外游泳场所开放时，每小时测一次余氯。

（三）为防止人工游泳池生长藻类，池水中应加入除藻剂。若使用硫酸铜，其最大加药量不应超过1.0毫克/升。

二、游泳场所消毒

（一）每班开场前和散场后均应对游泳池外沿、池边走道及卫生设施进行清扫、擦洗或冲洗一次。发现有污染时，可用浓度为250—500毫克/升的含氯消毒液喷洒或擦拭消毒后，再用清水擦洗。急救室应定期清洁消毒。

（二）淋浴室应经常刷洗，地面可使用浓度为500毫克/升的含氯消毒液定期消毒。

（三）更衣柜应于每日开放结束后做好清洁消毒，可用浓度为250—500毫克/升的含氯消毒液喷洒或擦拭消毒后，再用清水擦洗。

（四）公共卫生间（厕所）和垃圾箱（桶）应每天及时清洗，定期使用浓度为500毫克/升的含氯消毒液消毒。

（五）集中空调系统应严格按照《公共场所集中空调通风系统管理办法》的要求进行定期清洗和消毒。

三、公共用品用具消毒

（一）游泳场所提供游泳者使用的公共用品用具（包括拖鞋、茶具等）应一客一换一消毒。

（二）拖鞋的清洗消毒：应设置专用的拖鞋洗消间或区域。

1. 设置两个洗消池或洗消桶，备有橡胶手套、消毒药物、水源等。

2. 清洗：先用清水或洗洁液清洗拖鞋。

3. 过水：在过水池或过水桶中用清水漂洗拖鞋。

4. 消毒：将拖鞋完全浸泡在消毒池或消毒桶中，消毒液浓度及浸泡时间应当按使用说明严格操作。用含氯消毒液时，浸泡液有效氯含量应达250—500毫克/升，浸泡时间不少于30分钟；

5. 保洁：从消毒液中取出拖鞋，用清水冲洗干净，去除残留的消毒液，凉置10至15分钟，待拖鞋干后放置保洁柜或保管箱。

（三）杯具的清洗消毒：应按杯具洗消操作规程在专用的杯具洗消间内进行。

1. 去污清洗：清倒杯中残渣及茶水，然后在洗涤池中用洗洁液清洗，用清水漂洗杯具并注意洗刷杯口。

2. 消毒：将杯具完全浸泡在消毒池内，消毒液浓度及浸泡时间应当按使用说明严格操作，用含氯消毒液时，浸泡液有效氯含量应达250毫克/升浓度，浸泡时间不少于30分钟；如使用电子消毒柜，则可直接去污清洗后放入电子消毒柜消毒。

3. 过水：在过水池中用清水漂洗杯具，去除残留的消毒液。

4. 保洁：消毒后的杯具应倒置放入保洁柜内，保洁柜内如果采用毛巾作垫子的，所垫的毛巾必须定期更换、清洗和消毒。

四、注意事项

（一）消毒剂应到证照齐全的生产厂家或经营单位购买，采购时应建立验收制度并做好记录，按照国家有关规定索取检验合格证和生产企业卫生许可证或有关产品卫生许可批件。

（二）消毒剂置于有盖容器中密封保存，保存地点应当通风、干燥、阴冷、避光；建立消毒剂进出库专人验收登记制度，要详细记录消毒剂的名称、数量、产地、进货日期、生产日期、保质期、包装情况、索证情况等，并按入库时间的先后分类存放。

（三）在消毒时应穿工作服，戴口罩和橡胶手套，避免与皮肤、黏膜直接接触，如有条件，配制时可戴眼罩。

游泳场所管理制度

(本文为参考资料)

为了贯彻落实《游泳管理办法》，履行公共场所安全管理职责，维护游泳场所的治安秩序，保障游泳者的健康和安全，结合本游泳馆的实际，特制定游泳馆安全管理制度。

一、由游泳馆负责人、救生组长、场务组长组成安全管理小组，负责贯彻有关公共场所安全管理的法规，规定承担游泳馆的日常安全管理，维护游泳馆的日常秩序。

二、贯彻"以防为主，安全第一"的原则，严格实施水上救护制度，定额配备合格的水上救护人员，准确地判断和发现情况，积极救护游泳人员。

三、本馆的救护人员兼管安全，上岗时要切实履行安全管理的职责，劝阻和制止游泳馆内不安全的行为，防止治安灾害事故的发生。

四、深、浅水区有明显的标志，游泳池周边设有宣传牌、警告牌和管理工作的告示牌，并设有广播设施及救护观察台，救护器材齐备，并有效使用。

五、严禁携带枪支、弹药，易燃易爆等危险物品和管制刀具进入游泳馆。

六、禁止向游泳人员出售含酒精的饮料，禁止酗酒、醉酒者进入游泳馆。

七、配有可正常使用的消防器材和应急灯，经常检查电器设施，确保电器设施的安全正常和有效使用。

泳池水质管理制度

一、必须树立对市民健康高度负责的精神。

二、做到环境卫生、池水水质符合国家卫生有关规定。

三、每天对水质进行三次以上的检查。

四、每天对水质进行处理，确保细菌数、透明度和余氯含量符合国家卫生要求。

五、每天必须换洗脚池水，每天对池水进行消毒杀菌处理。

池水深浅测检制度

一、必须保持游泳池水间高度基本稳定。

二、由于反冲排污而使水面下降，应及时补充新鲜水。

三、配备专门人员测量池水深浅。

卫生管理制度

一、游泳馆对外开放需取得卫生行政部门发放的《卫生许可证》。

二、游泳馆工作人员每年开馆前须进行体检和接受卫生知识培训，持《健康证》及《卫生知识培训合格证》才能上岗工作。

三、严禁患有肝炎、心脏病、高血压、皮肤癣疹（包括脚癣）、重症沙眼、急性结膜炎、中耳炎、肠道传染病、性病、精神病及酗酒者入场游泳。

四、游泳者更衣后须经保持余氯0.6毫克/升的浸脚、消毒池洗脚、淋身后才可光脚上池面，不得穿任何鞋上池面，以免污染池水。

五、固定专人负责游泳池的池水消毒，于每场前测余氯一次，保持控制余氯在0.3—0.4毫克/升之间；用pH试纸测水质pH值，保持控制pH值在6.5—8.5之间，保证池水的消毒。

六、浸脚消毒池池水每四小时更换一次，余氯含量应保持在5—10毫克/升。

七、工作人员随时消除水中污物，每天停场后彻底清扫池边走道、出发台、厕所、淋浴室和更衣室，保持清洁无异味。

八、配备创可贴、消炎、防暑降温药物，为游泳者提供服务。

九、严禁出租游泳衣裤。

更衣室清洁消毒制度

一、更衣室内凳子保持干净卫生无污迹，必须随脏随打扫。并定期用84（1∶250的比例）消毒的抹布擦拭，确保无灰尘及霉变。

二、垃圾桶内每隔1小时喷洒84消毒液消毒。更衣室内、衣柜每隔1小时喷洒84消毒液，保持室内空气清新无异味，地面保持干燥。

三、客少时打开门窗通风，保证室内空气流通，保持清新无异味，更衣柜要定期打开晾晒，保证更衣柜里始终清爽干燥无异味，每天白班晚班用消毒水浸泡的抹布把更衣柜的内外擦拭两遍达到消毒效果。

泳池水清洁消毒制度

一、水池水通过过虑循环，把杂物过滤到了沙缸随水管排放，沙缸要每星期进行清洗从而确保正常的循环过滤。

二、在循环水消毒器中及时加消毒药，在水循环的同时把水中细菌杀死，起到消毒作用。

三、每月进行一次换水，在换水的同时用消毒水将池底及四周彻底地刷洗一遍，保证绝对干净，无杂物及沉淀物之后方可进行换水。

四、每天清洗两次循环泵过滤网，保证正常的水循环过滤。

五、水池边上的污渍每天用消毒水浸泡过的抹布统一擦拭一遍，保证卫生标准。

游泳器材管理制度

一、专用器材做到专人专用，并由使用者维护保养。暖气、灯光开启专人负责。主管随时对器材保养情况作检查。

二、未经允许器材不得出借。各人做好保管工作。

三、节约能源，不得在馆内洗衣物，充电等。

四、水处理设备是游泳馆最重要的设备，维护管理要求较高。水处理员对药剂申购、领用、使用、记录等工作都要做好详细的记录。并通过使用，不断提高使用率。热能消耗费用最大，加强日常管理是唯一可以降低成本的方式。水处理设备保养要求极高，定期保养沙滤缸、感应器、表具、阀门等，能够保证工作正常。

游泳馆急救应急制度

一、当溺水者所在区域内救生员、游泳池管理员发现情况后，立即发出紧急信号（长哨音）。

二、另一侧救生员立即向120报警，并通知临场指挥后，协助实救或补位。

三、当事救生员立即将溺水者施救上岸,并作肩背至救护室急救,待救护车到时送往医院。

四、临场指挥接警后,立即手持无线话筒,疏导泳客、指挥抢救并同时通知门卫或其他岗位人员接救护车及医务人员到接护室。

五、门卫人员或其他岗位人员,立即同在馆人员赶赴现场,并向领导报告。

六、泳池管理人员作好临场记录。

游泳馆出入场管理制度

一、入退场时,要按先后顺序进行,馆内不得故意拥挤、起哄、堵塞通道及出入口。

二、入场时游泳者必须持本人体检合格游泳证,本场次入场券,经工作人员检查后,方可入场。

三、患有心脏病、精神病、皮肤病及各种传染病、孕妇谢绝入场,严禁酗酒者入场。

四、严禁携带枪支、弹药、易燃、易爆、剧毒等危险物品及其他危害安全的物品进入场内,不准将动物带入场内。

五、入馆不准四处乱跑、喧哗、打闹,保持馆内肃静。

六、馆内不准吸烟,不准随地吐痰,不准随地大小便,不准乱丢果皮、纸屑等。

七、游泳者必须着深色游泳衣裤,不合格者谢绝入场。

化妆品卫生监督条例

(1989年9月26日国务院批准，1989年11月13日卫生部令第3号发布)

第一章 总 则

第一条 为加强化妆品的卫生监督，保证化妆品的卫生质量和使用安全，保障消费者健康，制定本条例。

第二条 本条例所称的化妆品，是指以涂擦、喷洒或者其他类似的方法，散布于人体表面任何部位（皮肤、毛发、指甲、口唇等），以达到清洁、消除不良气味、护肤、美容和修饰目的的日用化学工业产品。

第三条 国家实行化妆品卫生监督制度。国务院卫生行政部门主管全国化妆品的卫生监督工作，县以上地方各级人民政府的卫生行政部门主管本辖区内化妆品的卫生监督工作。

第四条 凡从事化妆品生产、经营的单位和个人都必须遵守本条例。

第二章　化妆品生产的卫生监督

第五条　对化妆品生产企业的卫生监督实行卫生许可证制度。《化妆品生产企业卫生许可证》由省、自治区、直辖市卫生行政部门批准并颁发。《化妆品生产企业卫生许可证》有效期四年，每2年复核1次。

未取得《化妆品生产企业卫生许可证》的单位，不得从事化妆品生产。

第六条　化妆品生产企业必须符合下列卫生要求：

（一）生产企业应当建在清洁区域内，与有毒、有害场所保持符合卫生要求的间距。

（二）生产企业厂房的建筑应当坚固、清洁。车间内天花板、墙壁、地面应当采用光洁建筑材料，应当具有良好的采光（或照明），并应当具有防止和消除鼠害和其他有害昆虫及其孳生条件的设施和措施。

（三）生产企业应当设有与产品品种、数量相适应的化妆品原料、加工、包装、贮存等厂房或场所。

（四）生产车间应当有适合产品特点的相应的生产设施，工艺规程应当符合卫生要求。

（五）生产企业必须具有能对所生产的化妆品进行微生物检验的仪器设备和检验人员。

第七条　直接从事化妆品生产的人员，必须每年进行健康检查，取得健康证后方可从事化妆品的生产活动。

凡患有手癣、指甲癣、手部湿疹、发生于手部的银屑病或者鳞屑、渗出性皮肤病以及患有痢疾、伤寒、病毒性肝炎、活动性肺结核等传染病的人员，不得直接从事化妆品生产活动。

第八条 生产化妆品所需的原料、辅料以及直接接触化妆品的容器和包装材料必须符合国家卫生标准。

第九条 使用化妆品新原料生产化妆品，必须经国务院卫生行政部门批准。

化妆品新原料是指在国内首次使用于化妆品生产的天然或人工原料。

第十条 生产特殊用途的化妆品，必须经国务院卫生行政部门批准，取得批准文号后方可生产。

特殊用途化妆品是指用于育发、染发、烫发、脱毛、美乳、健美、除臭、祛斑、防晒的化妆品。

第十一条 生产企业在化妆品投放市场前，必须按照国家《化妆品卫生标准》对产品进行卫生质量检验，对质量合格的产品应当附有合格标记。未经检验或者不符合卫生标准的产品不得出厂。

第十二条 化妆品标签上应当注明产品名称、厂名，并注明生产企业卫生许可证编号；小包装或者说明书上应当注明生产日期和有效使用期限。特殊用途的化妆品，还应当注明批准文号。对可能引起不良反应的化妆品，说明书上应当注明使用方法、注意事项。

化妆品标签、小包装或者说明书上不得注有适应症，不得宣传疗效，不得使用医疗术语。

第三章 化妆品经营的卫生监督

第十三条 化妆品经营单位和个人不得销售下列化妆品：

（一）未取得《化妆品生产企业卫生许可证》的企业所生产的化妆品；

（二）无质量合格标记的化妆品；

（三）标签、小包装或者说明书不符合本条例第十二条规定的化妆品；

（四）未取得批准文号的特殊用途化妆品；

（五）超过使用期限的化妆品。

第十四条 化妆品的广告宣传不得有下列内容：

（一）化妆品名称、制法、效用或者性能有虚假夸大的；

（二）使用他人名义保证或以暗示方法使人误解其效用的；

（三）宣传医疗作用的。

第十五条 首次进口的化妆品，进口单位必须提供该化妆品的说明书、质量标准、检验方法等有关资料和样品以及出口国（地区）批准生产的证明文件，经国务院卫生行政部门批准，方可签定进口合同。

第十六条 进口的化妆品，必须经国家商检部门检验；检验合格的，方准进口。

个人自用进口的少量化妆品，按照海关规定办理进口手续。

第四章 化妆品卫生监督机构与职责

第十七条 各级卫生行政部门行使化妆品卫生监督职责，并指定化妆品卫生监督检验机构，负责本辖区内化妆品的监督检验工作。

第十八条 国务院卫生行政部门聘请科研、医疗、生产、卫生管理等有关专家组成化妆品安全性评审组，对进口化妆品、特殊用途的化妆品和化妆品新原料进行安全性评审，对化妆品引起的重大事故进行技术鉴定。

第十九条　各级卫生行政部门设化妆品卫生监督员，对化妆品实施卫生监督。

化妆品卫生监督员，由省、自治区、直辖市卫生行政部门和国务院卫生行政部门，从符合条件的卫生专业人员中聘任，并发给其证章和证件。

第二十条　化妆品卫生监督员在实施化妆品卫生监督时，应当佩戴证章，出示证件。

化妆品卫生监督员对生产企业提供的技术资料应当负责保密。

第二十一条　化妆品卫生监督员有权按照国家规定向生产企业和经营单位抽检样品，索取与卫生监督有关的安全性资料，任何单位不得拒绝、隐瞒和提供假材料。

第二十二条　各级卫生行政部门和化妆品卫生监督员及卫生监督检验机构不得以技术咨询、技术服务等方式参与生产、销售化妆品，不得监制化妆品。

第二十三条　对因使用化妆品引起不良反应的病例，各医疗单位应当向当地卫生行政部门报告。

第五章　罚　则

第二十四条　未取得《化妆品生产企业卫生许可证》的企业擅自生产化妆品的，责令该企业停产，没收产品及违法所得，并且可以处违法所得3到5倍的罚款。

第二十五条　生产未取得批准文号的特殊用途的化妆品，

或者使用化妆品禁用原料和未经批准的化妆品新原料的，没收产品及违法所得，处违法所得3到5倍的罚款，并且可以责令该企业停产或者吊销《化妆品生产企业卫生许可证》。

第二十六条　进口或者销售未经批准或者检验的进口化妆品的，没收产品及违法所得，并且可以处违法所得3到5倍的罚款。

对已取得批准文号的生产特殊用途化妆品的企业，违反本条例规定，情节严重的，可以撤销产品的批准文号。

第二十七条　生产或者销售不符合国家《化妆品卫生标准》的化妆品的，没收产品及违法所得，并且可以处违法所得3到5倍的罚款。

第二十八条　对违反本条例其他有关规定的，处以警告，责令限期改进；情节严重的，对生产企业，可以责令该企业停产或者吊销《化妆品生产企业卫生许可证》，对经营单位，可以责令其停止经营，没收违法所得，并且可以处违法所得2到3倍的罚款。

第二十九条　本条例规定的行政处罚，由县级以上卫生行政部门决定。违反本条例第十四条有关广告管理的行政处罚，由工商行政管理部门决定。

吊销《化妆品生产企业卫生许可证》的处罚由省、自治区、直辖市卫生行政部门决定；撤销特殊用途化妆品批准文号的处罚由国务院卫生行政部门决定。

罚款及没收违法所得全部上交国库。没收的产品，由卫生行政部门监督处理。

第三十条　当事人对卫生行政部门的行政处罚决定不服的，可以在收到通知书次日起15日内向上一级卫生行政部门申请复议。上一级卫生行政部门应当在 30 日内给予答复。当事人对上一级卫生行政部门复议决定不服的，可以在收到复议通知书次日起 15 日内向人民法院起诉。但对卫生行政部门所作出的没收产品及责令停产的处罚决定必须立即执行。当事人对处罚决定不执行，逾期又不起诉的，卫生行政部门可以申请人民法院强制执行。

第三十一条　对违反本条例造成人体损伤或者发生中毒事故的，有直接责任的生产企业和经营单位或者个人应负损害赔偿责任。

对造成严重后果，构成犯罪的，由司法机关依法追究刑事责任。

第三十二条　化妆品卫生监督员滥用职权，营私舞弊以及泄露企业提供的技术资料的，由卫生行政部门给予行政处分，造成严重后果，构成犯罪的，由司法机关依法追究刑事责任。

第六章　附　则

第三十三条　中国人民解放军所属单位生产的投放市场的化妆品的卫生监督，依照本条例执行。

第三十四条　本条例由国务院卫生行政部门负责解释；实施细则由国务院卫生行政部门制定。

第三十五条　本条例自 1990 年 1 月 1 日起施行。

附 录

化妆品卫生监督条例实施细则

卫生部关于修改《化妆品卫生监督条例实施细则》
第四十九条、第五十条的通知
卫监督发〔2005〕190号

各省、自治区、直辖市卫生厅局,新疆生产建设兵团卫生局,卫生部卫生监督中心、中国疾病预防控制中心,有关单位:

  为了加大化妆品卫生监督力度,提高执法效率,对《化妆品卫生监督条例实施细则》作出如下修改:一、将《化妆品卫生监督条例实施细则》第四十九条修改为:《条例》中规定没收的产品,由卫生行政部门监督销毁。二、将《化妆品卫生监督条例实施细则》第五十条修改为:吊销《化妆品生产企业卫生许可证》、撤销批准文号由原批准机关批准。

  本通知自2005年6月1日起施行。

二〇〇五年五月二十日

第一章 总 则

第一条 根据《化妆品卫生监督条例》(以下简称《条例》)第三十四条的规定,制定本实施细则。

第二条 各级地方人民政府要加强对化妆品卫生监督工作的领导。县级以上卫生行政部门要认真履行化妆品卫生监督职责,加强与有关部门的协作,健全化妆品卫生监督检验机构,增强监督检验技术能力,提高化妆品卫生监督人员素质,保证《条例》的贯彻实施。

第二章 审查批准《化妆品生产企业卫生许可证》

第三条 《化妆品生产企业卫生许可证》的审核批准程序是:

(一) 化妆品生产企业到地市级以上卫生行政部门领取并填写《化妆品生产企业卫生许可证申请表》(附件一)一式三份,经省级企业主管部门同意后,向地市级以上卫生行政部门提出申请。申请《化妆品生产企业卫生许可证》的具体办法由各省、自治区、直辖市卫生行政部门制定,报卫生部备案。

(二) 经省、自治区、直辖市卫生行政部门审查合格的企业,发给《化妆品生产企业卫生许可证》。卫生行政部门应在接到申请表次日起三个月内作出是否批准的函复,对未批准的,应当说明不批准的理由。

(三)《化妆品生产企业卫生许可证》采用统一编号,有效期四年。省、自治区、直辖市卫生行政部门应依据原申报材料每二年对企业复核一次。

第四条 《化妆品生产企业卫生许可证》有效期满前三个月应当按本《实施细则》第三条规定重新申请。

申请获批准的，换发新证，可继续使用原《化妆品生产企业卫生许可证》编号。

第五条 已获《化妆品生产企业卫生许可证》的企业增加生产新类别的化妆品，须报省、自治区、直辖市卫生行政部门备案。

第六条 跨省、自治区、直辖市联营的化妆品生产企业，分别在所在地申请办理《化妆品生产企业卫生许可证》。

化妆品生产企业迁移厂址、另设分厂或者在厂区外另设车间，应按规定向省、自治区、直辖市卫生行政部门申请办理《化妆品生产企业卫生许可证》。《化妆品生产企业卫生许可证》应注明分厂（车间）。

第七条 《化妆品生产企业卫生许可证》不得涂改、转让、严禁伪造、倒卖。

化妆品生产企业变更企业名称，必须到发证机关申请更换新证。

遗失《化妆品生产企业卫生许可证》，应及时向发证机关报失，并申请补领新证。

自行歇业的化妆品生产企业，应及时到发证机关注销《化妆品生产企业卫生许可证》。

第八条 《化妆品生产企业卫生许可证》依据《条例》第六条规定颁发。其中不具备《条例》第六条第一款第五项条件的，在规定的期限内可以委托有条件的非化妆品卫生监督检验机构代检。具体期限由省、自治区、直辖市卫生行政部门根据具体情况规定。

第九条　新建、改建、扩建化妆品生产场地的选址、建筑设计应符合化妆品卫生标准和要求。省、自治区、直辖市卫生行政部门应对其选址、建筑设计进行审查，并参加竣工验收。

第十条　直接从事化妆品生产人员（包括临时工）必须依照《条例》规定实施健康检查：

（一）化妆品生产企业负责但单位人员体检的组织工作。每年向所在地的县级以上卫生行政部门提交应体检的人员名单，并组织应体检人员到县级以上医疗卫生机构体检。

（二）健康体检按统一要求、统一标准实施检查。体检机构应认真填写体检表，于体检结束后十五日内报出体检结果。

（二）卫生行政部门应认真审查受检人员的健康状况，符合要求者发给"健康证"；不符合要求者，通知受检单位将其调离直接从事化妆品生产的岗位。卫生行政部门应在接到体检结果次日起十五日内发出"健康证"或调离通知。

（四）对患有痢疾、伤寒、病毒性肝炎、活动性肺结核患者的管理，按国家《传染病防治法》有关规定执行；患有手癣、指甲癣、手部湿疹、发生于手部的银屑病或者鳞屑、渗出性皮肤病者，必须在治疗后经原体检单位检查证明痊愈，方可恢复原工作。

健康检查的管理办法按照国务院卫生行政部门有关规定执行。

第三章　化妆品卫生质量的使用安全监督

第十一条　特殊用途化妆品投放市场前必须进行产品卫生安全性评价。

产品卫生安全性评价单位由国务院卫生行政部门实施认证。

第十二条　特殊用途化妆品的人体试用或斑贴试验，应当在产品通过初审后，在国务院卫生行政部门批准的单位进行。

上款所指单位接受企业委托进行人体试用或斑贴实验结束后一个月内写出总结报告报卫生部，并抄送委托企业。

第十三条　特殊用途化妆品审查批准程序是：

（一）生产企业到所在地地、市级以上卫生行政部门领取并填写《特殊用途化妆品卫生审查申请表》（附件二）一式三份，经企业主管部门同意后，向省、自治区、直辖市卫生行政部门提出申请。申请时提供下列资料和样品：

1、产品名称；

2、产品成份、限用物质含量；

3、制备工艺简述和简图；

4、育发、健美、美乳产品主要成份使用依据及文献资料；

5、产品卫生安全性评价资料；

6、产品样品（五至十个小包装）及其检验报告书；

7、产品使用说明书（或其草案）、标签及包装设计、包装材料。

（二）省、自治区、直辖市卫生行政部门进行初审。经初审同意的产品，报国务院卫生行政部门。

省、自治区、直辖市卫生行政部门应在接到全部申报材料次日起三个月以内完成初审，并作出是否上报卫生部进行复审的函复。

（三）国务院卫生行政部门在收到初审材料和人体试用或斑贴试验报告后，应于六个月以内组织化妆品安全性评审组复审。国务院卫生行政部门应于复审后二个月以内作出是否批准的决定。对批准的产品，发给特殊用途化妆品批准文号和特殊用途化妆品证书；对未批准的产品，给予函复。

第十四条 特殊用途化妆品批准文号为该产品的生产凭证；特殊用途化妆品证书为研制凭证，可用于该产品的技术转让。

第十五条 特殊用途化妆品批准文号每四年重新审查一次。期满前四至六个月由企业执原批件和下列资料重新向省、自治区、直辖市卫生行政部门申请，并填写申请表（附件三）一式三份。

1、产品成份是否有改变的说明；

2、生产工艺是否有改变的说明；

3、产品投放市场销售后使用者不良反应调查总结报告；

4、如产品使用说明书、标签、包装、包装材料有改变的，提供改变后式样。

省、自治区、直辖市卫生行政部门同意后，报国务院卫生行政部门审查批准。获批准的产品，可以继续使用原批准文号。超过期限未申请者，原批准文号作废。

省、自治区、直辖市卫生行政部门应在接到全部申报材料次日起一个月以内提出意见。国务院卫生行政部门应在接到全部申报材料次日起三个月以内作出是否批准的决定。

第十六条 接受已获批准的特殊用途化妆品的技术转让的企业应另行向省、自治区、直辖市卫生行政部门申请特殊用途化妆品批准文号。申请时提供该产品特殊用途化妆品证书和产品样品（五至十个小包装）及其检验报告书。

省、自治区、直辖市卫生行政部门同意后，报国务院卫生行政部门审查批准并发给批准文号。

省、自治区、直辖市卫生行政部门应在接到全部申报材料次日起一个月以内提出意见。国务院卫生行政部门应在接到全部申报材料次日起三个月以内作出是否批准的决定。

第十七条 企业在其联营厂生产已获批准的特殊用途化妆品，应报联营厂所在省、自治区、直辖市卫生行政部门备案，产品批准文号不变。

第十八条 特殊用途化妆品批准文号不得涂改、转让，严禁伪造、倒卖。

第十九条 企业生产非特殊用途化妆品应提供下列资料和样品，并于产品投放市场后二个月以内报省、自治区、直辖市卫生行政部门备案。

1、产品名称、类别；

2、产品成份、限用物质含量；

3、产品卫生质量检验报告；

4、产品样品（五个小包装）；

5、产品使用说明书（或其草案）、标签及包装（或其设计）、包装材料。

本《实施细则》发布前已投放市场的非特殊用途化妆品，于本《实施细则》发布后三个月以内到省、自治区、直辖市卫生行政部门备案。

第二十条 按《条例》第十二条的要求，卫生质量在三年内可能发生变化的化妆品，应当注明有效使用期限（或使用期限）。

第二十一条 《条例》第十二条规定的化妆品标签、说明书、小包装上应当注明的内容，必须有中文记载。其中，标签上所注"厂名"也可以为产品质量责任者名称。

跨省联营企业生产的产品，标签上应注明生产企业所在地《化妆品生产企业卫生许可证》编号。

第四章 审查批准进口化妆品

第二十二条 进口化妆品卫生审查批准程序是：

（一）我国首次进口的化妆品，国外厂商或其代理商必须在进口地地、市以上卫生行政部门领取并填写《进口化妆品卫生许可申请表》（附件四）一式三份，直接向国务院卫生行政部门申请。申请时，提供下列资料和样品：

1、产品名称、种类；

2、产品成份、限用物质含量；

3、产品质量标准及检验方法，并附有中文译本（本三份）；

4、产品在生产国（地区）批准生产和销售的证明文件（复印件三份）；

5、产品在其他国家（地区）注册和批准销售的证明文件（复印件三份）；

6、产品在生产国（地区）和其他国家（地区）通过生产、注册、销售批准审查的评价报告，并附中文译本（各五份）；

7、产品卫生安全性评价资料或产品卫生质量检验报告（五份）；

8、产品标签、使用说明书，并附中文译本（各三份）；

9、完整包装的产品样品（三个小包装）。

（二）国务院卫生行政部门在收到全部申报资料后，组织化妆品安全性评审组对申报产品进行审查。审查通过的产品，经国务院卫生行政部门批准后，发给"进口化妆品卫生许可批件"和批准文号。

国务院卫生行政部门接到全部申报材料后，应于六个月以内组织化妆品安全性评审组评审，并在评审后二个月以内作出是否批准的决定。

审批情况同时通知进口地省、自治区、直辖市卫生行政部门。

第二十三条 本《实施细则》第二十二条第一款第（一）项中"产品卫生安全性评价或产品卫生质量检验"必须由国务院卫生行政部门认证的单位进行。

免除卫生安全性评价或卫生质量检验的产品由国务院卫生行政部门核定。

第二十四条 "进口化妆品卫生许可批件"有效期四年。期满前四至六个月可以向国务院卫生行政部门申请换发，申请时可不附资料。

超过有效期未申请者，按无批件处理。

第二十五条 "进口化妆品卫生许可批件"和批准文号不得涂改、转让，严禁伪造、倒卖。

第二十六条 "进口化妆品卫生许可批件"只对该批件载明的品种和生产国家、厂商有效。国外厂商或其代理商凭"进口化妆品卫生许可批件"按国家有关规定办理进口手续。

第二十七条 已获批准进口的化妆品在口岸由国家商品检验部门按照《中华人民共和国商品检验法》的规定进行检验。

第五章 经常性卫生监督

第二十八条 地市以上卫生行政部门对已取得《化妆品生产企业卫生许可证》的企业，组织定期和不定期检查。定期检查每年第一、第三季度各一次；审查发放《化妆品生产企业卫生许可证》当年和复核年度各减少一次。具体办法由各省、自治区、直辖市卫生行政部门制定，报卫生部备案。

定期检查和不定期检查结果逐级上报上一级卫生行政部门及化妆品卫生监督检验机构，并抄送企业主管部门。

第二十九条　对化妆品生产企业的定期和不定期检查主要内容是：

（一）监督检查生产过程中的卫生状况；

（二）监督检查是否使用了禁用物质和超量使用了限用物质生产化妆品；

（三）每批产品出厂前的卫生质量检验记录；

（四）产品卫生质量；

（五）产品标签、小包装、说明书是否符合《条例》第十二条规定；

（六）生产环境的卫生情况：

（七）直接从事化妆品生产的人员中患有《条例》第七条规定的疾病者调离情况。

第三十条　本《实施细则》第二十九条第四项产品卫生质量检查办法是：

（一）检查数量（定期检查量加不定期检查量）；

全年生产产品种类数为一至九种，抽查百分之百；

全年生产产品种类数为十至一百种，抽查二分之一，但年抽查产品数不应少于十种；

全年生产产品种类数超过一百种的，抽查三分之一，但年抽查产品数不应少于五十种。

（二）检查重点：

重点检查未报省、自治区、直辖市卫生行政部门备案的产品、企业新投放市场的出产品、卫生质量不稳定的产品、可能引起人体不良反应的产品、以及有消费者投诉的产品等。

（三）检查项目：

1、对未报省、自治区、直辖市卫生行政部门备案的产品，审查产品成份、产品卫生质量检验报告，同时进行微生物、卫生化学方面的产品卫生质量监督检验。

如企业不能提供产品卫生质量检验报告，或提供的产品卫生质量检验报告不能证明产品使用安全的，由化妆品卫生监督检验机构进行强制鉴定。

2、其他产品进行微生物、卫生化学方面的产品卫生质量监督检验。必要时，经同级卫生行政部门批准，可以对批准产品进行卫生安全性鉴定。

（四）抽查的产品按国家《化妆品卫生标准》及其标准方法检验。

（五）企业对卫生监督检验机构作出的产品卫生质量评价有异议的，由上一级卫生监督检验机构复核。

第三十一条 经营化妆品的卫生监督要求是：

（一）化妆品经营者（含批发、零售）必须遵守《条例》第十三条规定。

（二）生产企业向经营单位推销化妆品，应出示《化妆品生产企业卫生许可证》（复印件），经营单位应检查其产品标签上的《化妆品生产企业卫生许可证》编号和厂名是否与所持的《化妆品生产企业卫生许可证》（复印件）相符。

（三）化妆品经营者在进货时应检查所进化妆品是否具有下列标记或证件。不具备下列标记或证件的化妆品不得进货并销售。

1、国产化妆品标签或小包装上应有《化妆品生产企业卫生许可证》编号，并具有企业产品出厂检验合格证，特殊用途化妆品还应具有国务院卫生行政部门颁发的批准文号。

2、进口化妆品应具有国务院卫生行政部门批准文件（复印件）。

（四）出售散装化妆品应注意清洁卫生、防止污染。

第三十二条 对化妆品经营者实行不定期检查，重点检查经营单位执行《条例》和本《实施细则》第三十一条规定的情况。

每年对辖区内化妆品批发部门巡回监督每户至少一次；每二年对辖区内化妆品零售者巡回监督每户至少一次。

检查结果定期逐级上报上一级卫生行政部门及化妆品卫生监督检验机构，并抄送经营单位主管部门。

对化妆品批发部门及零售者的巡回监督一般不采样检测。当经营者销售的化妆品引起人体不良反应或其他特殊原因，县级以上卫生行政部门可以组织对经营者销售的化妆品的卫生质量进行采样检测。县级、地市级卫生行政部门组织采样检测的，应将计划报上一级卫生行政部门批准后执行。

对化妆品经营者不定期检查的具体分级管理办法由各省、自治区、直辖市卫生行政部门制定，报卫生部备案。

第三十三条 进行化妆品广告宣传应符合《条例》第十四条规定并按国家工商行政管理部门规定办理有关手续。

第六章 化妆品卫生监督机构与职责

第三十四条 国务院卫生行政部门的化妆品卫生监督主要职责是：

（一）制定全国化妆品卫生监督工作的方针、政策，检查、指导全国化妆品卫生监督工作，组织经验交流；

（二）组织研究、制定化妆品卫生标准；

（三）审查化妆品新原料、特殊用途化妆品、进口化妆品的卫生质量和使用安全，批准化妆品新原料的使用、特殊用途化妆品的生产、化妆品的首次进口；

（四）组织对国务院卫生行政部门认为的化妆品卫生重大案件的调查处理；

（五）依照《条例》和本《实施细则》决定行政处罚。

省、自治区、直辖市卫生行政部门的化妆品卫生监督主要职责是：

（一）主管辖区内化妆品卫生监督工作，负责检查、指导地、市级卫生行政部门的化妆品卫生监督工作，组织经验交流；

（二）对辖区内化妆品生产企业实施预防性卫生监督和发放《化妆品生产企业卫生许可证》；

（三）初审特殊用途化妆品的卫生质量，负责非特殊用途化妆品的备案；

（四）组织对省、自治区、直辖市卫生行政部门认为的辖区内化妆品卫生较大案件的调查处理。

县级以上卫生行政部门依照本《实施细则》第三条第一款第（一）项、第十条第二款、第二十八条第一款、第三十二条第五款的规定主管辖区内的化妆品卫生监督工作。

第三十五条 各级卫生行政部门指定县级以上具备检验条件的卫生防疫机构为化妆品卫生监督检验机构，承担化妆品卫生监督检验任务。

第三十六条 上级卫生行政部门有责任对下级卫生行政部门及其化妆品卫生监督检验机构承担的工作进行监督、检查、指导。

上级化妆品卫生监督检验机构有责任对下级化妆品卫生监督检验机构进行技术、业务指导。

化妆品卫生监督检验实验室须获得资格认证，具体办法由国务院卫生行政部门制定。

第三十七条　化妆品卫生监督检验机构的实验室不具备检验能力和条件，未获取资格认证的，其检验任务由上一级卫生行政部门指定的获认证的实验室承担。

第三十八条　卫生行政部门及其化妆品卫生监督检验机构应有专人保管生产企业提供的生产技术资料。

第三十九条　各省、自治区、直辖市化妆品卫生监督员由省、自治区、直辖市卫生行政部门从各级卫生行政部门及其化妆品卫生监督检验机构中聘任，经考核合格发给《中国卫生监督证件及证章。

国家化妆品卫生监督员由国务院卫生行政部门聘任并发给证件及证章。

第四十条　化妆品卫生监督员条件是：

（一）政治思想好，遵纪守法，工作认真，秉公办事；

（二）具有中专以上专业学历或具有医士以上技术职称，掌握化妆品卫生监督的有关法规和化妆品生产、经营和使用的卫生知识，有独立工作能力。

（三）未患《条例》第七条规定疾病者。

第四十一条　化妆品卫生监督员守则为：

（一）学习、掌握《化妆品卫生监督条例》及有关法规，掌握《化妆品卫生标准》及生产、经营和使用的卫生知识，不断提高政策水平和业务能力；

（二）依法办事，忠于职守，礼貌待人，不得以权谋私、滥

— 113 —

用职权、弄虚作假、出具伪证、索贿受贿；

（三）执行任务时应着装整齐、佩戴"中国卫生监督"证章，出示监督证件。按照有关规定抽取样品和索取有关资料，并开具清单，认真如实填写记录；

（四）严格执行请示报告制度；

（五）对化妆品生产企业提供的保密的技术资料，应当承担保密责任。

（六）不准在化妆品生产、经营单位兼职或任顾问，不准与化妆品生产、经营单位发生有碍公务的经济关系。

第四十二条 化妆品卫生监督员受同级卫生行政部门委托，行使下列职责：

（一）参加新建、扩建、改建化妆品生产企业的选址和设计卫生审查及竣工验收；

（二）对化妆品生产企业和经营单位进行卫生监督检查，索取有关资料，调查处理化妆品引起的危害健康事故；

（三）对违反《条例》的单位和个人提出行政处罚建议。

第四十三条 化妆品卫生监督管理实行"化妆品卫生监督、监测年报表"制度。各级卫生行政部门须定期逐级上报"化妆品卫生监督、监测年报表"。

各级医疗机构发现化妆品不良反应病例，应及时向当地区、县化妆品卫生监督检验机构报告。各级化妆品卫生监督检验机构定期报同级卫生行政部门，同时抄送上一级化妆品卫生监督检验机构。

第七章 罚 则

第四十四条 本《条例》和本《实施细则》规定的处罚可

以合并使用。

第四十五条　有下列行为之一者，处以警告的处罚，并可同时责令其限期改进：

（一）具有违反《条例》第六条规定之一项的行为者；

（二）直接从事化妆品生产的人员患有《条例》第七条所列疾病之一，未调离者；

（三）具有违反《条例》第十三条第一款第（二）项、第（三）项规定之一的行为者；

（四）涂改《化妆品生产企业卫生许可证》者；

（五）涂改特殊用途化妆品批准文号者；

（六）涂改进口化妆品卫生审查批件或批准文号者；

（七）拒绝卫生监督者。

第四十六条　有下列行为之一者，处以停产或停止经营化妆品三十天以内的处罚，对经营者并可以处没收违法所得及违法所得二到三倍的罚款的处罚：

（一）经警告处罚，责令限期改进后仍无改进者；

（二）具有违反《条例》第六条规定至两项以上行为者；

（三）具有违反《条例》第十三条第一款第（一）项、第（四）项、第（五）项规定之一的行为者；

（四）经营单位转让、伪造、倒卖特殊用途化妆品批准文号者。

违反《条例》第六条规定者的停产处罚，可以是不合格部分的停产。

第四十七条　具有下列行为之一者，处以吊销《化妆品生产企业卫生许可证》的处罚：

（一）经停产处罚后，仍无改进，确不具备化妆品生产卫生条件者；

（二）转让、伪造、倒卖《化妆品生产企业卫生许可证》者；

第四十八条 有下列行为之一者，处以没收违法所得及违法所得二到三倍的罚款的处罚，并可以撤销特殊用途化妆品批准文号或进口化妆品批准文号：

（一）生产企业转让、伪造、倒卖特殊用途化妆品批准文号者；

（二）转让、伪造、倒卖进口化妆品生产审查批件或批准文号者。

第四十九条 《条例》中规定没收的产品，由卫生行政部门监督销毁。

第五十条 吊销《化妆品生产企业卫生许可证》、撤销批准文号由原批准机关批准。

第五十一条 当事人对卫生行政部门作出的具体行政行为不服，可以依照《条例》第三十条规定申请复议和提起诉讼。

第五十二条 对违反《条例》造成人体损伤或者发生中毒事故的，受害者可以依据《中华人民共和国民事诉讼法》向人民法院提起损害赔偿诉讼。

第五十三条 化妆品卫生监督员有以权谋私、滥用职权、弄虚作假、出具伪证、索贿受贿、泄露企业提供的技术资料等违纪行为的，经查证属实，没收受贿所得财物，由卫生行政部门视情节轻重给予行政处分，并可以撤销其化妆品卫生监督员资格。造成严重后果，构成犯罪的，由司法机关依法追究刑事责任。

第八章 附 则

第五十四条 《化妆品卫生标准》中未列出的检验项目，

参照我国药品、食品或国家有关标准检验方法进行。

第五十五条 《条例》第七条中"直接从事化妆品生产的人员"是指在化妆品生产中从事配料、制作、半成品贮存、容器洗涤、灌装、小包装工作，以及经常到生产车间的管理、技术、检验人员。

第五十六条 《条例》第十条中特殊用途化妆品的含义是：

育发化妆品有助于毛发生长、减少脱发和断发的化妆品。

染发化妆品具有改变头发颜色作用的化妆品。

烫发化妆品具有改变头发弯曲度，并维持相对稳定的化妆品。

脱毛化妆品具有减少、消除体毛作用的化妆品。

美乳化妆品有助于乳房健美的化妆品。

健美化妆品有助于使体形健美的化妆品。

除臭化妆品用于消除腋臭的化妆品。

祛斑化妆品用于减轻皮肤表皮色素沉着的化妆品。

防晒化妆品具有吸收紫外线作用、减轻因日晒引起皮肤损伤功能的化妆品。

第五十七条 《条例》第十一条中"对质量合格的产品应当附有合格标记"中的"合格标记"，系指企业出厂产品检验合格证（章）。

第五十八条 《条例》第十五条中"首次进口的化妆品"指尚未获得国务院卫生行政部门批准的进口化妆品。

第五十九条 本《实施细则》第四十五条第一款第七项"拒绝卫生监督"是指以各种借口和手段妨碍或拖延卫生监督机构和卫生监督员依法履行化妆品卫生监督职责的行为。

第六十条 出口化妆品的卫生监督管理按照国家有关法律、

法规规定执行。

第六十一条 化妆品卫生监督、监测检验按照国家财政部、物价局有关规定收费。

第六十二条 本《实施细则》自颁布之日起实施。以前颁布的部门规章与《条例》和本《实施细则》规定有抵触的,以《条例》和本《实施细则》为准。

附件一:化妆品生产企业卫生许可证申请表(略)
附件二:特殊用途化妆品卫生审查申请表(略)
附件三:特殊用途化妆品卫生再次审查申请表(略)
附件四:进口化妆品卫生许可申请表(略)

化妆品新原料申报与审评指南

关于印发化妆品新原料申报与审评指南的通知
国食药监许〔2011〕207号

各省、自治区、直辖市食品药品监督管理局（药品监督管理局），有关单位：

为加强化妆品新原料行政许可工作，确保化妆品产品质量安全，依据《化妆品卫生监督条例》及其实施细则等有关规定，国家食品药品监督管理局制定了《化妆品新原料申报与审评指南》。现予印发，请遵照执行。

国家食品药品监督管理局

二〇一一年五月十二日

本指南适用于指导化妆品新原料的申报和审评。

一、化妆品新原料的定义

化妆品新原料是指在国内首次使用于化妆品生产的天然或人工原料。

二、化妆品新原料安全性要求

化妆品新原料在正常以及合理的、可预见的使用条件下，不得对人体健康产生危害。

化妆品新原料毒理学评价资料应当包括毒理学安全性评价综述、必要的毒理学试验资料和可能存在安全性风险物质的有关安全性评估资料。

化妆品新原料一般需进行下列毒理学试验：

（一）急性经口和急性经皮毒性试验；

（二）皮肤和急性眼刺激性/腐蚀性试验；

（三）皮肤变态反应试验；

（四）皮肤光毒性和光敏感性试验（原料具有紫外线吸收特性时需做该项试验）；

（五）致突变试验（至少应包括一项基因突变试验和一项染色体畸变试验）；

（六）亚慢性经口和经皮毒性试验；

（七）致畸试验；

（八）慢性毒性/致癌性结合试验；

（九）毒物代谢及动力学试验；

（十）根据原料的特性和用途，还可考虑其他必要的试验。如果该新原料与已用于化妆品的原料化学结构及特性相似，则可考虑减少某些试验。

本指南规定毒理学试验资料为原则性要求，可以根据该原料理化特性、定量构效关系、毒理学资料、临床研究、人群流行病学调查以及类似化合物的毒性等资料情况，增加或减免试验项目。

三、化妆品新原料行政许可申报资料要求

申请化妆品新原料行政许可应按化妆品行政许可申报受理规定提交资料。具体要求如下：

（一）化妆品新原料行政许可申请表

（二）研制报告

1. 原料研发的背景、过程及相关的技术资料。

2. 原料的名称、来源、相对分子质量、分子式、化学结构、理化性质。

（1）名称：包括原料的化学名（IUPAC 名和/或 CAS 名）、INCI 名及其中文译名、商品名和 CAS 号等。原料名称中应同时注明该原料的使用规格。

天然原料还应提供拉丁学名。

（2）来源：原料不应是复配而成，在原料中由于技术原因不可避免存在的溶剂、稳定剂、载体等除外。

天然原料应为单一来源，并提供使用部位等。全植物已经被允许用作化妆品原料的，该植物各部位不需要再按新原料申报。

（3）相对分子质量、分子式、化学结构：应提供化学结构的确认依据（如核磁共振谱图、元素分析、质谱、红外谱图等）及其解析结果，聚合物还应提供相对平均分子质量及其分布。

（4）理化性质：包括颜色、气味、状态、溶解度、熔点、沸点、比重、蒸汽压、pH 值、pKa 值、折光率、旋光度等。

3. 原料在化妆品中的使用目的、使用范围、基于安全的使用限量和依据、注意事项、警示语等。

4. 原料在国外（地区）是否使用于化妆品的情况说明等。

（三）生产工艺简述及简图

应说明化妆品新原料生产过程中涉及的主要步骤、流程及参数，如应列出原料、反应条件（温度、压力等）、助剂（催化剂、稳定剂等）、中间产物及副产物和制备步骤等；若为天然提取物，应说明加工、提取方法、提取条件、使用溶剂、可能残留的杂质或溶剂等。

（四）原料质量安全控制要求

应包括规格、检测方法、可能存在的安全性风险物质及其控制措施等内容。

1. 规格：包括纯度或含量、杂质种类及其各自含量（聚合物应说明残留单体及其含量）等质量安全控制指标，由于技术原因在原料中不可避免存在的溶剂、稳定剂、载体等的种类及其各自含量，其他理化参数，保质期及贮存条件等；若为天然植物提取物，应明确其质量安全控制指标。

2. 检测方法：原料的定性和定量检测方法、杂质的检测方法等。

3. 可能存在的安全性风险物质及其控制措施。

（五）毒理学安全性评价资料（包括原料中可能存在安全性风险物质的有关安全性评估资料）

毒理学试验资料可以是申请人的试验资料、科学文献资料和国内外政府官方网站、国际组织网站发布的内容。

1. 申请化妆品新原料，一般应按化妆品新原料安全性要求提交毒理学试验资料。

2. 具有下列情形之一者，可按以下规定提交毒理学试验资料。根据原料的特性和用途，必要时，可要求增加或减免相关试验资料。

（1）凡不具有防腐剂、防晒剂、着色剂和染发剂功能的原料以及从安全角度考虑不需要列入《化妆品卫生规范》限用物质表中的化妆品新原料，应提交以下资料：

1）急性经口和急性经皮毒性试验；

2）皮肤和急性眼刺激性/腐蚀性试验；

3）皮肤变态反应试验；

4）皮肤光毒性和光敏感试验（原料具有紫外线吸收特性时需做该两项试验）；

5）致突变试验（至少应包括一项基因突变试验和一项染色体畸变试验）；

6）亚慢性经口或经皮毒性试验。如果该原料在化妆品中使用，经口摄入可能性大时，应提供亚慢性经口毒性试验。

（2）符合情形（1），且被国外（地区）权威机构有关化妆品原料目录收载四年以上的，未见涉及可能对人体健康产生危害相关文献的，应提交以下资料：

1）急性经口和急性经皮毒性试验；

2）皮肤和急性眼刺激性/腐蚀性试验；

3）皮肤变态反应试验；

4）皮肤光毒性和光敏感试验（原料具有紫外线吸收特性时需做该两项试验）；

5）致突变试验（至少应包括一项基因突变试验和一项染色体畸变试验）。

（3）凡有安全食用历史的，如国内外政府官方机构或权威机构发布的或经安全性评估认为安全的食品原料及其提取物、国务院有关行政部门公布的既是食品又是药品的物品等，应提交以下资料：

1）皮肤和急性眼刺激性/腐蚀性试验；

2）皮肤变态反应试验；

3）皮肤光毒性和光敏感试验（原料具有紫外线吸收特性时需做该项试验）。

（4）由一种或一种以上结构单元，通过共价键连接，相对平均分子质量大于1000道尔顿的聚合物作为化妆品新原料，应提交以下资料：

1）皮肤和急性眼刺激性/腐蚀性试验；

2）皮肤光毒性试验（原料具有紫外线吸收特性时需做该项试验）。

（5）凡已有国外（地区）权威机构评价结论认为在化妆品中使用是安全的新原料，申报时不需提供毒理学试验资料，但应提交国外（地区）评估的结论、评价报告及相关资料。国外（地区）批准的化妆品新原料，还应提交批准证明。

（六）进口化妆品新原料申请人，应提交已经备案的行政许可在华申报责任单位授权书复印件及行政许可在华申报责任单位营业执照复印件并加盖公章。

（七）可能有助于行政许可的其他资料。

申请人应根据新原料特性按上述要求提交资料，相关要求不适用的除外。

另附送审样品1件。

四、化妆品新原料的审评原则

（一）对于申请人提交的化妆品新原料安全性评价资料的完整性、合理性和科学性进行审评：

1. 安全性评价资料内容是否完整并符合有关资料要求；

2. 依据是否科学，关键数据是否合理，分析是否符合逻辑，结论是否正确；

3. 重点审核化妆品新原料的来源、理化性质、使用目的、范围、使用限量及依据、生产工艺、质量安全控制要求和必要的毒理学评价资料等。

（二）经审评认为化妆品新原料安全性评价资料存在问题的，审评专家应根据化妆品监管相关规定和科学依据，提出具体意见。申请人应当在规定的时限内提供相应的安全性评价资料。

（三）随着科学研究的发展，国家食品药品监督管理局可对已经批准的化妆品新原料进行再评价。

五、特殊类型的化妆品新原料申报与审评要求另行制定。

六、缩略语

（一）IUPAC，国际纯粹与应用化学联合会（International Union of Pure and Applied Chemistry）的缩写。

（二）CAS，美国化学文摘服务社（Chemical Abstracts Service）的缩写。

（三）INCI，国际化妆品原料命名（International Nomenclature Cosmetic Ingredient）的缩写。

本指南由国家食品药品监督管理局负责解释。

本指南自2011年7月1日起施行。此前发布的化妆品新原料申报与审评相关规定与本指南不一致的，以本指南为准。

铁路车站、旅客列车
卫生监督管理办法

铁卫保〔1992〕20号

(1992年2月29日铁道部发布)

第一章 总 则

第1条 为适应我国铁路运输事业的发展，提高车站、旅客列车（以下简称站车）卫生水平，维护广大旅客、铁路职工身体健康，防止传染病借铁路站车传播，保证铁路运输生产安全，依据《中华人民共和国铁路法》、《中华人民共和国食品卫生法（试行）》、《中华人民共和国传染病防治法》和《公共场所卫生管理条例》等有关法律、法规，特制定本办法。

第2条 本办法适用范围为铁路车站、旅客列车及车站管辖范围内的食品生产经营和公共场所，在上述范围内进行营业活动的路内外单位或个人均须遵守。

第3条 铁道部、铁路局、铁路分局卫生主管部门为行使本办法的监督机构,并委托铁路卫生防疫机构依据国家有关卫生法律、法规和本办法的规定,实施站车卫生监督管理。

第4条 站车卫生监督管理实行铁路卫生许可证、健康合格证和预防性卫生监督制度。

第5条 各单位必须把站车卫生工作列为两个文明建设的重要组成部分,并作为社会主义劳动竞赛、检查、评比、考核的条件,凡达不到有关卫生标准或要求者,均不得授予荣誉称号或奖励。

第6条 客运、车辆、卫生等部门应积极开展以"除害灭病"为中心的爱国卫生运动,共同搞好站车的"四害"防治工作,蚊、蝇、蟑螂等病媒昆虫指数及鼠密度,均应符合国家卫生标准。

车站、列车要积极做好卫生知识宣传工作。

第7条 依据国家指令实施交通检疫时,按《铁路交通检疫管理办法》执行。

第二章 车站卫生

第8条 车站应有相应的卫生设施,二等和二等以上的车站必须在适当处所设有一定数量的痰盂、果皮箱、垃圾箱、盥洗、厕所等卫生设施,并做好经常性的保洁工作。车站垃圾应做到日产日清,严禁随意堆放。厕所应有通风、防蝇和洗手设备。车站的客车到发线路、站台要保持清洁卫生。

第9条 候车室要提供饮用开水,公用水杯要一客一消毒,未经消毒的水杯不得供旅客使用。列车上水站必须按章向旅客列车上水，上水胶管管口必须离开地面，并保持清洁。

执行候车室内禁止随地吐痰、禁止乱扔脏物及不吸烟候车室内禁止吸烟的规定。

候车室、售票厅（处）的微小气候、空气质量、噪声、照明均要符合国家《公共交通等候室卫生标准》，母婴候车室备有的玩具等要定期洗刷和消毒。

承运放射性物品必须经铁路卫生防疫站核查。

第10条 车站站房、站前广场、天桥、地道、站台、股道以及驻站单位的室内外环境，均要符合有关卫生标准。

第三章 旅客列车卫生

第11条 旅客列车（含我国担任乘务的国际联运、广九直通、旅游等旅客列车）要有健全的卫生保洁制度和卫生清扫作业程序，坚持始发、途中、终到列车和返程回到我国始发站的国际联运列车（客车）、广九直通客车的卫生鉴定制度。列车驶经市区、大桥、长大隧道和停车五分钟以上车站时，不得向车下倾倒垃圾、污水，并要锁闭厕所。列车垃圾应在指定的列车垃圾投放站装袋投放。粪便、污水不得带到终到站。入库整备列车不得带有垃圾、粪便和污水。

第12条 旅客列车的座席、铺位、洗面盆、整容镜、便池等公用设施，要保持清洁卫生，供旅客使用的被单、褥单、枕巾，硬卧为单程更换一次，软卧一客一换；其他卧具、椅套要定期拆洗消毒，凉席、枕席应保持清洁卫生。

第13条 旅客列车的微小气候、空气质量、噪声、照明等在定员状态时均要符合国家《公共交通工具卫生标准》，同时应提供饮用开水，公用茶杯未经消毒不得供旅客使用。

执行车厢内禁止随地吐痰、禁止乱扔脏物及不吸烟车厢内禁止吸烟的规定。

第 14 条　旅客列车禁止携带有碍公共卫生的物品进入车内。邮政车、行李车应保持整洁，凡装运过有碍公共卫生物品的，必须彻底清刷消毒，行李车运输放射性物品必须符合卫生要求。

第 15 条　旅客列车应配备急救药箱，做到专人保管，做好使用登记并及时补充药品器械。

第四章　客车车辆卫生

第 16 条　车辆部门对运用的客车要认真进行整备，保证客车的外貌和车内环境整洁，各种卫生设施齐全，性能完好。

第 17 条　检车乘务员所使用的工具、配件要定位存放，并保持整洁。要按时装卸纱窗、电扇，车内通风器应保持使用性能完好，电扇、席别灯、照明灯具和其他电器设备要保持清洁。

第 18 条　要保证餐车电冰箱、冷藏箱正常运用，餐车贮藏室、排风扇、排烟罩、水道管道、洗涤槽、百叶窗、地面脚蹬板、加工台面、茶水炉等均应保持清洁完整，性能良好。

第 19 条　新造、大修的车辆，必须达到防鼠要求。管道、电缆与墙板间的缝隙不得大于 5 毫米，运用的车辆缝隙大于 5 毫米时，应予堵塞。餐车后厨车壁及各种设备要消除缝隙，防止鼠、蟑栖息。

第 20 条　加挂及临编客车，有关部门要提前做好各项卫生整备工作，未经卫生整备或达不到卫生要求的车辆不得编组运用。

第五章　站车食品卫生

第21条　从事食品生产经营者必须遵守《食品卫生法》和《铁路食品卫生监督实施办法》的有关规定，并应做到：

（一）餐车、客车售卖的食品、始发上料、沿途补给、必须有食品专用车辆、容器、工具等，并应符合卫生要求。

（二）要做好食品的计划生产、供应，隔餐存放的熟食品，必须冷藏，出售前再行妥善加工。

车站供应的熟食品要严格执行专人负责、专人操作、专用冷藏柜、专用炊具容器和专人消毒制度。

（三）不准在厨房内洗澡、洗脸、刷牙、洗衣物、吸烟等，闲杂人员严禁进入厨房。

（四）冰箱、贮藏室（库、柜、架）、售货柜等应有定位存放标记，并保持清洁。餐车工作人员的私人物品应存放于指定的设有标记的处所。

（五）食品容器、刀、板、提桶、抹布必须清洁，有生熟标记，不得混用、混放。食品应生熟隔离，定位存放。

第22条　站车食品经营单位，进货时必须向进货单位索取"卫生许可证"及该食品每批检验合格证或检验单，必要时铁路卫生监督机构进行抽样检查，合格后方准销售。

第23条　餐具必须洗净消毒，未经洗净消毒的餐具不得供旅客使用。站车使用的洗涤消毒剂均必须经铁路中心卫生防疫站检验合格，并取得铁路工业产品质量监督检验中心安全卫生检验站鉴定核准，由铁路局卫生主管部门批准后方可使用。

第24条 食品包装、食品商品标志必须符合国家规定的卫生标准和通用商品包装要求，并必须执行出厂期和保存期限销售的规定，凡无出厂期和超保存期的食品，禁止销售。

第25条 旅客列车发生食物中毒时，列车长应及时报告前方铁路卫生防疫部门，并保护现场，封存保留样品，以备查验；铁路卫生防疫站接到报告后应按规定逐级上报，并及时前往调查处理。

第六章 站车卫生监督

第26条 铁道部、铁路局、铁路分局卫生主管部门和铁路局所属卫生防疫站中的站车卫生监察，应在从事站车卫生工作超过二年的医师、三年的医士及从事客车"消杀灭"工作三年的医师以上人员中选荐，经各铁路局主管部门审查报铁道部卫生行政机构任命发证。

第27条 站车卫生监察在本管内对车站，各次始发、终到和站停五分钟以上的通过旅客列车实行卫生监督检查。分局卫生主管部门和分局卫生防疫站的站车卫生监察可添乘本分局属旅客列车；路局卫生主管部门和局中心卫生防疫站的站车卫生监察可添乘本局属旅客列车；部卫生行政机构的站车卫生监察可添乘国内各次旅客列车。国际联运列车（客车）、广九直通客车添乘办法另定。各铁路局、铁路分局和运输枢纽地区卫生防疫站所在地的车站要有检查用房以及消毒、杀虫、灭鼠药械专用房屋。

第28条 站车卫生监督机构依据国家《传染病防治法》、《食品卫生法》、《公共场所卫生管理条例》等有关卫生法律、法规行使下列职责：

（一）对车站、旅客列车进行卫生监督监测。

（二）对站车食品生产经营单位和公共场所进行预防性卫生监督。

（三）审发分管部门的卫生许可证、工作人员健康证，并按规定组织实施体检。

（四）对站车卫生进行技术研究，提出改善、提高站车卫生水平和保护旅客、乘务人员身体健康的建议；对有关人员进行卫生知识技术的培训和指导。

（五）编写站车卫生监督通报，开展卫生宣传。

（六）对站车消毒、杀虫、灭鼠进行监督监测。

（七）站车卫生监察（不包括从事"消杀灭"工作的）同时是管辖范围内的食品卫生、公共场所卫生监督员；其监察证在本办法规定的范围内兼具站车卫生、食品卫生、公共场所卫生、饮水卫生监督检查的效力。凭站车卫生监察证使用铁路电报、电话、住乘务员公寓。

第七章 罚 则

第29条 遇有车站、旅客列车、车辆及站车食品生产经营单位或个人，违反国家卫生法律、法规时，必须按有关法律、法规的罚则的有关规定进行行政处罚。

第30条 对违反本《办法》有关规定的主管单位，视情节轻重给予警告、限期改进。遇有下列情形经警告后仍无改进者，可以处二十至五百元罚款。

（一）卫生监督检查符合率不合格者；

（二）车站及车辆卫生设施缺乏、损坏，影响使用，经卫生监督记录提出，仍不增添、修缮改进者；

（三）旅客列车停站五分钟以上不锁闭厕所者；

（四）旅客列车将粪便、污水带入终到车站或客技站者；

（五）旅客列车不按规定处理垃圾，沿途随意倾倒者；

（六）废弃塑料饭盒及其他固体废弃物，不组织回收，造成污染站区及线路者；

（七）供旅客使用的卧具不按规定洗涤、消毒和更换者；

（八）鼠密度，蝇、蚊、蟑螂等病媒昆虫指数未达到卫生标准者。

以上各项处罚可单独或合并行使。当事人对行政处罚不服并经上级卫生主管部门复议无效的，按有关法律、法规的法律责任处理。

第31条 站车卫生监察对外局旅客列车的行政处罚应据事实填写站车卫生监督记录书，经列车长、餐车长（主任）确认签字后，将监督记录书和处罚通知书委托所属铁路卫生防疫站受理执行。执行结果以书面回执函告原开具处罚通知书的单位。

第八章　附　则

第32条 本办法由铁道部卫生保护司负责解释。

第33条 本办法自发布之日起实施。原（80）铁卫字403号《铁路车站、旅客列车卫生条例（试行）》即行废止。

第 34 条 各铁路局可根据本办法制定实施细则,并报部备案。

在临管线上运行的旅客列车以及车站的卫生监督管理,应参照本办法在管辖范围内结合实际情况执行。

(附件略)

附 录

车站厕所卫生管理制度

（本文为参考资料）

厕所卫生管理制度

一、厕所管理有专人负责，并进行定期检查。

二、禁止在厕所里随地吐痰、乱扔瓜皮果核、纸屑等废弃物。

三、禁止厕所的墙壁、隔板乱涂乱画。

四、大小便池要随时冲洗，并及时清查厕所内纸篓垃圾。

五、保持洗手池、地面大小便池的清洁干净，做到无积水、无尿碱、无污物、无异味。

六、加强对群众文明卫生教育，注意卫生、文明如厕。

厕所卫生冲洗制度

一、保持地面干燥、整洁，在地上污渍处滴一点水后，再用干拖把拖。便槽边站脚处尤其要仔细拖。

二、便槽每天要用脸盆盛水再冲几次，一边冲一边用扫把扫，以免尿渍积留。

三、定时清洁洗手间的门、窗户，适当使用清洁剂、木砂纸等工具。

四、瓷砖、洗手盆（特别是下方）、拖把池外面每天要用抹布擦干净。

五、勤动脑，勤动手，自制工具、自创办法把洗手间打扫得更干净。

六、为了让大家拥有一个整洁的环境，为了你我的方便，请大家行动起来，遵循洗手间的卫生制度，共同保持洗手间的干燥、卫生。